자전거 소풍 가네

들꽃지기 임인숙 에세이집

출판하우스 짓다

책을 펴내며

기억과 돌아오지 않는 것들

♠

　시간은 어디로 흘러가 버렸을까. 오랫동안 오지 중에도 오지로 알려졌던 정읍 산내의 산과 마을을 에돌던 추령천에 나가보면 기억 속의 물길과 눈에 들어오는 물길이 서로 다른 모습으로 다가온다.
　언제 저렇게 달라졌을까. 물의 몸피도, 흐르는 결도, 강변을 스치는 모습도 기억 속의 물길과 너무 다르다. 시간 때문이다.
　달라짐은 시간이 어디에선가는 뺄셈이 되고 어디에선가는 덧셈이 되는 일일 텐데, 추령천이 흐르던 곳에는 뺄셈이 된 자국들은 보이는데 덧셈이 된 자국들은 보이지 않는다.
　뺄셈이 된 자국들을 살피다가, 시간이 어디로 빠져나갔을지를 생각하며 글을 쓰기 시작했다. 방문을 열고 뜨락으로, 마당으로, 울타리를 벗어나 이웃집으로, 마을로, 마을 밖으로 걸어갔다. 오늘의 일에서, 어제의 일로, 엊그제의 일로, 글피의 일로, 먼 옛날의 일로 걸어갔다.
　1976년 결혼하며 정읍 산내 '절안마을(사내리 寺內里)'을 떠났다.

처음 마을을 벗어나 정착한 공간은 멀지 않은 정읍 시내였다. 오래 머물지 않았다. 1983년에는 멀리 경기도로 떠났다. 공간만이 아니라 새로운 사물이 삶 속으로 들어왔다. 그 때문에 바다를 건너기도 했다.

1988년 일본을 다니며 왜철쭉(샤쯔기)을 수입하는 중에 산야초와 인연을 맺었다. 눈에 들어오는 공간의 숨결이 꽃 때문에 달라졌다.

1998년, 고향을 떠난 지 22년이 흐른 후에 정읍 산내 절안마을의 품으로 돌아와 들꽃과의 내밀한 생활이 시작되었다. 어머니 곁으로 돌아왔지만, 고향에서 등대가 되어 22년 동안 불을 밝히셨던 어머니께서 2012년 소천하셨다. 겨우 14년을 주시고 가셨다. 공간의 숨결이 또 달라졌다.

떠났다가 돌아온 22년 사이, 나의 말은 바뀌었다. 산내의 말에 다른 말이 섞여들었고, 나중에는 다른 곳에서 들어온 말이 산내의 말을 구석으로 밀쳤다. 산내로 돌아왔으나 산내의 말로 아직 다 돌아오지 못했다. 어쩌면 아주 돌아오지 못할지도 모른다. 떠나서 머물던 공간의 영향이 어떻게든 남지 않겠는가.

이상한 일도 아닐 테고, 이전의 말로 반드시 돌아와야 하는 것도 답은 아닐 것이다. 그렇게 돌아온다면, 떠났던 22년의 말과 크고 작은 사건을 무화無化시키는 일이 될지도 모른다. 남아야 한다. 남아야 삶의 자국이 된다.

산내에서 멀리 떠나지 않고 사는 이들의 말은 크게 바뀌지 않았다. 예전의 말이 예전 그대로는 아니어도 거의 온전한 몸으로 살아있다. 덕분에 산내의 시간이 살아있다.

말은 살아온 이력이다. 오랫동안 산내를 지켜온 이들과 산내를 떠났던 이가 이야기를 나눈다. 지켜온 이력과 떠났다 돌아온 이력이 이야기를 나눈다. 두 말로 나누기도 하고, 한 말로 나누기도 한다. 지나간 시간과 지금의 시간이 그렇게 만난다.

♠

어느 공간에서든 그런 일이 일어났고, 앞으로도 그렇겠지만, 더는 그런 일이 일어나지 못할 수도 있는 공간도 있다. 정읍 산내 절안마을처럼 오래전부터 공간을 지켜온 사람들이 하나둘 떠나는 시골의 작은 공간들이 사라지는 시간 속으로 끌려가고 있다.

한 사람이 끌려가고, 말이 끌려가고, 이야기가 끌려가고, 그러다가는 어느 때인가 덜컹 문이 닫히고 말 것이다. 그 시간이 오면 물리적 공간은 남지만, 마음의 공간은 사라진다.

그러기 전에 기록해 놓으려고 한다. 시골 어느 공간에 웅숭깊게 자리하고 있는 사람, 말, 이야기를 남기려 한다. 사라지면 안되는 것이어서 증언자의 심정으로 적어놓으려 한다. 나의 삶이지만, 누군가의 삶이고, 우리 모두 기억해야 할 삶이기 때문이다.

추령천이 보이는 자리에서 묻는다. 어디서 그 일이 시작되었을까. 언제 그 일이 시작되었을까. 어쩌다가 그 일이 시작되었을까. 꼭 그 일은 시작되어야 했을까.

숱한 풍경이 생을 지나간다. 풍경마다 제 생의 주기대로 길게 지나가고, 짧게 지나간다. 어느 하나의 풍경은 길게도 짧게도 지나가지 않는다. 어느 자리에 남아서 움직일 줄을 모른다. 그 자리에 붙박여 아침의 질문, 저녁의 질문, 비 내릴 때의 질문, 눈 내릴 때의 질문을 낳는다. 꽃이 필 때의 질문, 꽃이 질 때의 질문을 낳는다. 낳고 또 낳는다.

그 하나의 풍경은 너무 깊고, 너무 아프고, 너무 짙은 색과 소리를 지녔다. 그 풍경을 건너가는 일은 허락되지 않는다. 허락된다고 해도 건널 수 없다. 그 풍경을 빼고 나면 생이 목어의 뱃속처럼 공허해질 테니.

♠

기억하려는 사람의 운명은 가혹해진다. 지나간 자리로 생각이 매번 돌아가기 때문이다. 돌아갔다가 다시 돌아오는 일을 반복해야 한다. 돌아간 자리에 따뜻한 것만 있지 않다. 시리고 아픈 것들이 함께 있다. 떠나고, 사라지는 일이 그래서 매번 아프다. 그러니 운명이 가혹해질 수밖에 없다.

돌아온 사람은 오래전의 이름을 불러야 한다. 말해야 하나, 말아야 하나 고민이 없지 않다. 과거 속에서 이름을 끄집어내면 떠나간 사람들과 떠나간 일들이 함께 딸려 나오기 때문이다. 어느 이름은 감당하기 어렵다. 사랑하는 사람들, 사랑하는 존재들이어서만이 아니다. 미움이 가득한 사람과 존재들도 있다.

순환하는 것이 있어야 시간이 환히 드러난다고 했다. 꽃이 피고, 소나기가 며칠을 이어 내리고, 나뭇잎들이 붉어지고, 하얀 눈이 길을 덮는 일이 생기지 않으면 시간이 있는 줄을 알 수 없다. 사물들이 변하는 일이 거울처럼 서 있어서 시간이 흘러가는 줄을 안다.

정읍 산내의 풍경이 변하는 것으로 시간이 흘러가는 줄을 알겠다고 증언하기 위해 돌아온 것은 아니다. 공간이 그렇게 사람을 두고 순환하더라고 이야기하려는 것도 아니다. 사람들의 삶을 움직이려고 사건이 순환해야 했는지도 모른다. 어쨌거나 나는 돌아온 사람이고 순환하는 사람이다.

매일 아침 정읍으로, 부안으로, 또 어딘가로 달려가 꽃을 심고 가꾸고 돌아온다. 떠나고 돌아오는 일이 그렇게 순환하며 시간을 조금씩 쌓아가고 있다. 풀꽃 하나 피어나는 데도 사연이 있고, 사라져 가는 풍경 속에도 마음을 흔드는 이야기가 있다.

♠

그런 이야기를 담았다. 글은 지금까지 걸어온 작은 일상의 흔적이고, 야생화처럼 조용히 피어났던 기억들이다. 하늘나라로 가신 지 13년이 지나도록 손을 놓을 수 없는 어머니, 어린 시절을 보낸 절안마을과 추령천의 냄새, 농장에서 함께 땀 흘리던 아줌마들의 웃음과 눈물, 세월이 흐르면 사라질 풍경들을 그대로 흘려보내기 아쉬운 마음, 그런 것들이다.

 함께 일하던 농장 식구 중에는 서둘러 먼 길 떠난 이도 있고, 몸이 불편해 나오지 못하는 분들도 있다. 겨울에 서울 아들네로 갔다가 봄이 되면 돌아오시던 팔용할머니, 태인댁 할머니가 올해는 여름이 되도록 돌아오시지 않는다. 텅 빈 집에서 제비가 새끼를 낳고 대추벌도 둥지를 키우며 기다리고 있는데 돌아오시지 않는다.

 돌아오지 않는 일이 자꾸 늘어날 것 같다. 두렵고 아프다. 책 속에 돌아오지 않는 사람, 풍경과 오래 머물고 싶은 간절한 마음을 담은 것은 그 때문이다.

 삶은 늘 곁에 있는 것들로부터 시작된다는 것을 야생화를 돌보는 손끝에서, 흙을 밟는 발끝에서 아침마다 다시 배운다. 오늘은 뒷산 뻐꾸기보다 옆산 뻐꾸기 목소리가 더 크다. 언제나 하얀 고무신을 아끼셨던 먼저 간 행단댁이 아닌가 싶다.

 이 책이 돌아오는 일을 소중히 하는 이들의 마음 한 자락에 따뜻한 바람으로 머물기를 소망한다.

2025. 가을.
정읍 산내 절안마을(사내리寺內里)에서
들꽃 지키는 사람 임인숙

차례

책을 펴내며

자전거와 목화의 시간

14 · 꽃신이 품은 비밀
21 · 자전거 소풍 가네
29 · 목화가 떠나갈 때
36 · 작년에 왔던 각설이
40 · 땐스야 땐스야 강남 땐스야
47 · 도깨비불의 시간
54 · 혼불 떨어진 자리
61 · 야들아! 끔 만들러 가자
65 · 땅벌에 쏘인 추석

닫힌 시간, 열린 시간

74 · 참새와 통밀 쑥개떡
79 · 세 자매와 젖꼭지때왈
86 · 추령천의 두 목소리
93 · 토란꽃과 닫힌 문
99 · 제비꽃과 어머니의 웃음
104 · 어머니와 다슬기
113 · 꾸지뽕차와 어머니
120 · 며느리밥풀떼기
127 · 땅꽈리 아는 사람

3부

아픔과 웃음의 거울

134 · 살아보니 살아지더라 – 정읍댁 이야기
140 · 물꼬 싸움 – 정읍댁 이야기 2
148 · 웃음의 뿌리 – 영광댁 이야기
156 · 노래는 지팡이였다 – 강경댁 이야기
163 · 겨우 여섯 살 – 능다리댁 이야기
170 · 방물장수 할머니
177 · 긴 머리 두 남자
184 · 무명이라는 이름
190 · 물살에 실려 간 돈

4부

어둠을 지나 보이는 꽃

198 · 그냥 놀이였어
206 · 철수 아부지 죽었는 갑네
214 · 바다로 간 추령천
222 · 바람이 아는 흔적
227 · 백로는 떠나지 않는다
233 · 까치집을 짓듯이
240 · 아랫꽃섬, 그날의 소리
246 · 할미꽃, 낮꽃 피게 하소서
252 · 어둠을 지나 제비동자꽃

259 · 추천의 글 | 내력을 지키는 사람의 얼굴
— 천세진(문화비평가, 시인)

제 **1** 부

자전거와 목화의 시간

꽃신이 품은 비밀

　계곡물이 나무의 말, 풀들의 사연, 산짐승과 날짐승, 물짐승의 이야기를 싣고, 사연들이 모여 사는 낮은 곳을 찾아 재잘재잘 흘러가는 소리가 유난히 시원하게 들린 날이었다. 그 소리를 듣고 있자니, 그늘이 부쩍 그리워졌다. 일하던 손을 멈추고 잠시 쉬기로 했다.
　농장 식구들은 장화 부대다. 장화 속으로 흙이 들어가면 불편할 수밖에 없지만 뱀이 무섭다고 한여름에도 고무장화를 고집한다. 그날, 평소 장화를 신던 행단댁이 무좀 걸릴까 염려된다며 하얀 남자 고무신을 신고 나타났다. 다들 장화를 벗느라 낑낑거리는 절차를 거치고 있는데 행단댁은 그런 절차도 없이 대뜸 신발을 신은 채 계곡물에 풍덩 발을 담갔다. 장화를 붙잡고 아직도 낑낑거리는 사이를 쏜살같이 지나가는 시원한 풍덩 소리에 모두 눈을 들고 부러워했다.

"기왕 들어 갔응게 까재나 있는가 봐봐."

부추김에 행단댁은 돌멩이를 들추고 잔자갈을 긁어내더니 작은 가재 한 마리를 찾아냈다.

"여그는 까재가 있는 것 봉게 물이 깨깟헌가비여."

행단댁은 계곡을 왔다 갔다 하면서 시원한 느낌을 제대로 즐기고 있었다. 그러기를 한참, 물속에 하얀 발자국 잔상을 만들고 있는 행단댁의 흰 고무신을 따라가며 물끄러미 바라보던 정읍댁이 깊게 숨을 내쉬면서 지난 이야기를 꺼냈다.

"아이고 우리 아버지도 저렇게 흐연 고무신이라도 사주지 꼭 꺼멍 반구두 고무신만 사주었능가 몰러. 하루는 장작을 뽀개 한 짐 지고, 애끼는 달걀을 지푸라기에 넣어 매 디매디 묶어가꼬 정읍장에 가시더라고. 아버지 뒤에다 대고 꽃신 하나 사다주라고 손나발을 불었당게. 눈 빠지게 기달렸던 아버지는 꺼멍 코빼기신을 사 왔잔이여. 입을 댓 발이나 빼물고 있는디 맥없이 눈물이 나더랑게."

손 등으로 눈꼬리를 훔치더니 잠시 묵혔던 말을 이었다.

"헐 수 없이 신었는디, 매칠 후에 뒷밭에 가서 솔(부추)을 비어 오라고 혔어. 솔을 비다가 그놈의 신을 가만히 쳐다봉게 성질이 더 나더라고. 그래서 고무신 코빼기를 칼로 비어 버렸어. 발꼬락이 휜허게 보이는디 웃음도 나오더라고. 집에 가서 얼매나 혼났는가 몰러."

자글자글 웃음소리가 메아리 되어 퍼져나갔다.

"나는 말도 마랑게. 꽃신 하나 사돌라고 볶아댄게 할매가 닭 발모가지를 묶으고 닭 얼굴은 배깥으로 나오게 허고 책보에 싸가꼬 강경장에 가싰어. 저녁때를 얼매나 기다렸는디 노랑 반구두 쌩고무신을 말캉 바닥에 내 노심서 찔기고 좋은 것이라고 달개는 바람에 핵교에 신고 갔당게. 머시매들이 뒤를 졸졸 따라옴서 '똥신' 신었다고 얼매나 놀려먹었는지 몰러. 그 담날도 아그들이 '똥신, 똥신' 험서 난리였당게. 핵교가 가기 싫더라고. 한 이틀인가 신다가 노랑 고무신을 낫으로 찢어버리고 할매한테 지독허게도 혼났어. 그런게 어매가 할매 모르게 마른 꼬치(고추) 한 얼기미를 갖고 가서 검정 고무신에 쬐끄만 리봉 달린 신을 사다 준 일이 생각이 나는구만. 어매가 참말로 좋더랑게"

병순댁의 넋두리에 웃음이 또 한바탕 산속으로 퍼져 갔다. 신발 이야기는 연이어 웃음보따리를 열게 했다. 뒤를 이은 백암댁의 사연도 만만치 않았다.

"꺼멍 남자 반구두라도 발에 딱 맞는 것을 사주면 얼매나 좋았겄어. 발이 큰다고 발 문수보다 큰 신을 사다준게로 걸어 댕길 수가 없었당게. 자꼬만 벗어징게 헐 수 없이 산

내끼로 쨈매가꼬 신었당게. 왜 그맀는가 몰러."

모두 땅바닥을 치면서 웃어대는 소리에 나무에 앉아 쉬던 새들이 놀라 날아갔다. 너무 웃었는지 눈에 눈물이 그렁그렁했다.

이야기를 듣다가 숨겨 놓은 꽃신에 얽힌 비밀이 머릿속을 비집고 나왔다. 막내인 나는 아이들이 부러워하는 반구두 꽃신을 신었다. 꽃신을 받기는 했지만, 조금 큰 신을 신는 당시의 관행을 피할 수는 없었다. 발가락이 신발 속에서 자리를 잡지 못해 번번이 벗겨지기는 했지만, 꽃신인 것만으로도 마음이 꽃기운으로 가득 차 저녁이면 마루 위에 고이 올려놓고 잠을 잤다. 잠들기 전에 신발이 잘 있는지 살피는 것은 당연한 일이었고.

산마을 아이들 예닐곱은 언제나 우르르 몰려다녔다. 어느 날, 친구네 집 작은 방에서 재잘대며 놀고 있는 우리에게 친구 아버지는 손을 덜덜 떨면서 구경하기도 어려운 색동 사탕을 한 개씩 주고 나가 놀라고 했다. 사탕이 입에 들어 뽈록해진 볼로 신나게 뛰어나왔지만, 그 귀한 사탕까지 주면서 우리를 왜 내보냈는지 어린 마음에 호기심이 발동했다.

아이들은 손가락에 침을 묻혀서 뒷문 창호지에 구멍을 내고 들여다봤다. 놋수저에 무언가 까만 덩어리를 얹어 호롱불에 데우자, 수저에 물이 생겼고, 물은 주사기로 뽑아 올려졌다. 고무줄로 묶은 팔에 주사를 놓고 색동 사탕을 하나 입에 넣자 떨었던 손이 차분해지는 것 같았다. 얼굴이 기분 좋은 기색으로 바뀌었다.

서로 쳐다보려고 옥신각신하다가 한 아이가 문으로 넘어지는 바람에 들키고 말았다. 친구들은 잽싸게 도망갔지만, 내 꽃신은 허겁지겁 움직이는 사이에 벗겨지고 말았다. 꽃신을 찾으러 갈 때 얼마나 무서웠는지 지레 울어버렸다. 어디 가서 말하지 말라는 당부를 받고 크게 꾸지람은 듣지 않았지만, 어린 나이에도 참으로 무안했다.

남의 비밀을 안다는 것은 절대 편하지 않은 일이었다. 왜 그렇게 당부했는지 그땐 몰랐지만 커서 생각해보니 아편이 아니었나 싶다. 우리는 창호지 문에 구멍을 뚫고 몰래 보는 일을 두 번 다시 하지 말자고 했고, 오늘 본 일도 절대로 어디 가서 소문내지 말자고 새끼손가락을 걸었다. 그러나 맛있는 색동 사탕을 얻어먹을 수 있다는 희망은 버리지 않았다.

친구 아버지는 돌아가신 지 오래됐지만, 이후에도 내 꽃신에 얽힌 사연을 아줌마들에게도 이야기할 수 없었다. 오늘 그 일을 떠올리는 것은, 주인공이 누구였다는 이야기를 하려는 것이 아니다. 아주 오래전 그런 일이 심심치 않게 있었다는, 그런 모습도 지난 시대를 이해하는 일이겠다는 생각에서다. 좋은 일, 아름다운 일만으로 세상이 꾸려지지는 않는다. 어둡거나 밝은 일 모두를 인정해야 한다. 아주 오래전의 일이기도 하고.

옛 생각에서 돌아오자, 한참을 웃어대던 병순댁이 낮은 목소리로 말했다.

"지금 생각해 봉게 우리가 어매 아버지헌티 참 불효를 헌 것이여. 어른이 되야 알 것이라고 혔던 말이 생각날 때가 있더라고. 나이 먹어 봉게 꽃신 타령혔던 것이 참 철딱서니 없었다는 생각이 들더만. 안 그리어? 우리도 아그들 헌티 혀 주고 잡퍼도 못혀 줄 때가 있었잔이여. 그때 어른들도 안 혀준 것이 아니라 못혀준 게 얼매나 맴이 아폈겄어."

너나없이 고개를 끄덕이며 일어났다.
"아 인제 잘 쉬었응게 일을 시작히야지."
"그리여, 그리여"

하얀 고무신을 신고 와서 웃음꽃을 선사했던 행단댁은 대장암으로 하늘나라로 먼저 갔다. 아주 떠난 것 같지는 않다. 지금도 여전히 아줌마들 옆 일자리에서 서성거리고 있는 것만 같다. 너털웃음을 잘 웃던 아줌마를 그리워하며 우린 종종 그날의 이야기를 한다.

자전거 소풍 가네

 옥정호를 따라 달리다 문득 풍경이 꺼내놓는 빛이 달라졌다 싶어 갓길에 차를 세웠다. 겨울을 품고 있던 골짜기가 단단히 붙들고 있던 눈이 녹아내려 호수로 흘러들고 있었고, 물빛은 하늘빛을 닮은 푸른 물감을 풀어놓은 것 같았다.
 며칠 전까지만 해도 꽁꽁 언 얼음 위에 눈이 덮여 있더니, 포근한 바람을 타고 일렁이며 봄소식을 기다리는 모습이 곳곳에 역력했다. 눈이불을 걷고 모습을 드러낸 물빛에 취해 한참을 바라보고 있자니 마음속에 잠자고 있던 추억 하나가 긴 겨울잠에서 깨어나 시간의 커튼을 슬그머니 젖히고 고개를 빼꼼히 내밀어 밖을 살피며 걸어 나왔다. 65년 전의 이 길은 온 마을 사람이 봄나들이를 오던 길이었다.

벚꽃이 흐드러지게 피면, 마을은 온통 들뜬 기운으로 술렁였다. 원족遠足을 간다는 소문에 아이들은 부산을 떨었고 어른들은 음식을 장만하느라 분주했다.

부엌에서는 지글지글 전을 부치는 소리가 들리고 마당에서는 닭을 삶고 지푸라기로 문질러 메밀묵을 쑤는 손길이 바빴다. 고소한 참기름 들기름 냄새, 김이 모락모락 피어오르던 무쇠솥엔 원족을 더욱 풍성하게 해 줄 특별한 음식이 끓고 있었고, 아이들은 까르르 웃음소리를 맛있는 냄새와 함께 마을 곳곳에 뿌리고 다녔다.

햇살이 화사했던 원족의 날, 모두 마음이 들뜬 채 웅성웅성 마을 중심으로 모여들었다. 특별한 명절이라도 맞은 듯 얼굴마다 웃음꽃이 피었다. 버스가 다니지 않던 시절이어서 어른들과 처녀들은 20리쯤 되는 길을 흙먼지를 일으키며 앞서거니 뒤서거니 걸음을 맞췄고, 이따금 가벼운 노랫가락이 흘러나오기도 했다.

장만한 음식과 함께 어린아이들이 소달구지에 실리고, 모두 출발할 준비를 마치자 마을에서 유일하게 짐 자전거를 가진 큰집 오빠가 올케언니를 태우고 무리의 맨 앞에서 달렸다. 자전거에 실린 올케언니는 연신 웃음을 흘리며 오빠의 허리춤을 꽉 붙잡고 있었다.

달구지는 덜컹거렸다. 길에는 크고 작은 돌멩이들이 만

든 작은 언덕이 즐비했고 높낮이가 다른 언덕들을 넘느라 쉼 없이 덜커덩거리며 위아래로 좌우로 흔들렸다. 그 흔들림마저 재미있는 놀이가 되어 깔깔거리는 아이들 웃음소리가 사방으로 굴러갔다. 소달구지를 모는 친구 아버지는 느릿느릿 발을 옮기는 중에도 중간중간 아이들을 살펴보며 "에이야~"하고 소를 다독였다. 소는 큰 눈을 껌뻑거리고 입에서 침을 흘리며, 짐이 너무 많이 실렸다고 씩씩거렸다.

목적지까지 8km쯤 되는 길은 멀고 험했지만 내내 웃음소리가 그치지 않았다. 볕이 따뜻하게 내리는 길 곳곳에 꽃비가 흩날렸고, 마을 사람 모두 커다란 풍경화의 작은

주인공들로 제 자리를 하나씩 차지하며 그려지고 있었다.

그렇게 한참을 가고 있는데, 앞장서서 무리를 이끌던 짐 자전거 뒤에 타고 있어야 할 큰집 올케언니가 길 한가운데에 덩그러니 앉아 있었다. 치맛자락을 매만지며 길바닥에 앉아 있는 모습이 영 낯설어 사람들은 의아한 표정을 지으며 다가갔다.

"어메, 거그서 어찌서 그로코롬 있대여? 서방님은 어디 갔대여?"

올케언니는 멋쩍게 웃으며 치마에 묻은 흙을 털면서 일어났다.

"나도 모르겄어라우, 정신을 채리고 본게 여그 어퍼져 있당게라우."

"아이고 참말로, 상헌 디는 없는가 몰러. 이만 허기가 어디여"

마을 사람들은 웅성거리며 주위를 두리번거렸다. 앞서 달려가던 짐 자전거는 저만치 멀어져 가고 있었다. 사람들은 뒤늦게 사태의 곡절을 깨닫고 안심한 듯 키득거리기 시작했다.

"참말로, 웃기거만, 각시 떨어진 것도 몰르고 먼 일이대여"

종구네 어머니가 혀를 끌끌 찼다.

"아~ 자진기를 새칠로 샀응께 잘 못타더만. 존 길가티를

댕길 때도 삐틀빼틀하니 댕기더만."

점숙이네 어머니도 한마디 거들었다.

큰집 오빠는 덜컹거리는 길에 신경을 곤두세우느라 뒤에 타고 있던 각시가 떨어진 줄도 모르고 혼자 내달린 것인데, 여전히 상황을 모르고 앞서가고 있는 자전거를 보며 마을 사람들은 길바닥에 주저앉아 땅을 두드리며 웃느라 정신을 못 차렸다.

어떤 이는 눈물을 닦고 어떤 이는 웃다가 숨이 넘어갈 듯 헉헉거리기도 했다. 올케언니는 수줍은 표정으로 머리를 매만졌고 친구 아버지는 소달구지를 멈춰 세우고 담배 봉초를 꺼내어 종이에 돌돌 말아 불을 붙이며 혼잣말을 내뱉었다.

"거참, 혼자 간게, 우째 자진기가 잘 나간다고 험서 갔겠는디."

그 말이 떨어지기가 무섭게 마을 사람들이 다시 한바탕 배꼽이 빠지게 웃어댔다. 웃다가 정신을 차린 몇몇이 뛰어가면서 손나팔로 큰집 오빠를 불렀다. 사람들의 소리를 듣고 멈춰 서더니 자전거를 돌려 돌아와서 하는 말이 더 재미있었다.

"자네가 어찌서 거그 있대여?"

오빠가 놀란 얼굴로 묻자, 올케언니는 못마땅한 듯 볼을 부풀리며 말했다.

"각시가 떨어졌는디 것도 모르고 그냥 가버리 놓고 뭔 말을 헌대요?"

오빠는 좀 창피했는지 머리를 긁적거렸다. 길은 멀고 험했지만, 웃음소리가 연달아 들려 힘든 줄도 몰랐다. 그렇게 한바탕 소동이 지나가고 다시 길을 걷는 마을 사람들은 더없이 흥겹고 들뜬 마음으로 원족지를 향해 걸었다.

원족 목적지는 봇자리였다. 지금은 봇자리 댐이 물속에 잠겨버렸지만, 일제강점기 때 우리 민족이 피땀을 반죽하여 만든 댐이었다. 봇자리가 수원지가 되어 산내면에 취수구가 만들어지고 산으로 굴을 뚫어 지금의 정읍 칠보 수력발전소가 생겼다. 터널을 만드느라 얼마나 많은 선대의 이들이 불길에 날리는 재처럼 사그라졌는지를 생각하면 칠보발전소는 계획은 일본인들이 꾸몄으나 실행은 우리 민족의 힘으로 이루어진 것이었다.

봇자리댐 주변에 일본인들은 자기 나라꽃이라며 벚나무를 심었다. 그때 심은 벚나무는 세월이 흘러 아름드리 거목이 되고 봄이 오면 꽃 궁전을 이뤘다. 꽃이 만발하는 계절이면 학생들의 소풍 명소가 되었고 먼 곳에서도 많은 사람이 몰려와 꽃놀이하던 곳으로 유명했다.

마을 사람들은 몇 번을 쉬면서 봇자리에 도착했다. 준비해 간 음식을 풀어놓고 허기진 배를 채운 뒤 무엇보다 기대했던 어머니의 동동주를 나눠마셨다. 어머니의 동동주 빚는 솜씨는 소문이 자자했다. 그 시절에는 밀주 단속이 엄해 쉽게 만들지 못했지만, 명절이나 동네잔치 때면 온 동네 사람들이 쉬쉬하며 어머니의 동동주를 기다렸다.

동동주는 삭힌 밥알이 동동 떠오른다고 해서 붙여진 이름이다. 쌀을 시루에 쪄서 식히고 누룩을 섞어 앉힌 뒤 발효될 때의 소리는 비가 내릴 때의 소리와 똑같았다. 술밥을 쪄서 식힐 때 손으로 한 줌 쥐어 몰래 입에 넣었던 그 단맛은 아직도 잊을 수가 없다. 그랬던 동동주는 빚는 손이 달라졌다. 어머니는 하늘나라로 여행을 떠나셨고 큰언니가 동동주 빚는 법을 이어받았지만, 큰언니도 몸이 불편한 상태다. 더 늦기 전에 배워 어머니의 비법을 잇자고 셋째 언니와 벼르고 있다.

원족 나온 마을 일행은 한 잔씩 나눠 마시며 얼굴이 불그스름했다. 바람에 날리는 벚꽃잎 사이로 웃음소리가 어우러졌다. 거나하게 취기가 번지자 노래가 흘렀다. 제일 먼저 자신 있게 시작한 사람은 군대 다녀와 바깥 물을 먹은 큰집 오빠였다. 오빠의 목소리는 술기운에 더욱 깊은 감정을 싣고 사람들 가슴속으로 파고들었다. 남자 어른들은 담배 연기 사이로 눈물을 훔쳤고, 여자들은 소리 없이 한숨을 내쉬면서 옷소매로 눈가를 닦았다.

아직 나는 왜 어른들이 우는지 알 수 없는 나이였다. 좀 더 커서 그 노래를 알게 되었는데 1947년 오리엔트레코드사가 주최한 신인가수 콩쿠르에서 입상한 남자 가수 신세영의 노래 〈전선야곡〉이었다. 가사를 듣고 보니 어른들의 눈물을 뺄 만도 했다. 특히 2절 가사가 더 애절했다.

"들려오는 총소리를 자장가 삼아 꿈길 속에 달려간 내 고향 내 집에는 정한수 떠 놓고서 이 아들의 공 비는 어머니의 흰머리가 눈부시어 울었소. 아아아 아아아아아 쓸어안고 싶었소"

노래를 들으며 눈물을 흘리게 될 줄 생각하지 못했다. 이제는 알 것 같다. 시간이 흐르고 가슴속에 쌓인 이야기들이 많아질수록 노래 한 곡에도 울컥할 수밖에 없다는 것을….

마을 사람들은 해거름이 되자 아침에 왔던 길을 따라 마을로 돌아왔다. 달구지를 끄는 소도 밤이 깊어질세라 서둘러 걸음을 옮겼다. 삐거덕거리는 달구지 소리가 올 때보다 빨랐다. 그 소리가, 그 걸음들이 아직 들리고 보인다.

목화가 떠나갈 때

 큰언니의 바깥출입이 어려워졌다. 큰언니는 꽃을 좋아했다. 성질이 급하고 싹싹하지 않았지만, 꽃에는 한없이 너그럽고 상냥했다. 언니 집에 갔을 때 언니는 멈칫거리면서 말했다.
 "방에만 있응게 죽겄는디… 이럴 때 꽃이라도 보고 있으면 좋겄는디…."
 화분이라고는 달랑 게발선인장 두 개뿐이었다. 그나마 여름이 너무 뜨거웠던지 꽃이 몇 송이밖에 피지 않았다고 했다. 다른 자리가 비었기 때문인지 화분이 있는 자리가 도드라지게 보였다. 게발선인장을 주인공으로 비추는 것이 아니라 적막함을 더 조명하여 비추는 것으로 느껴졌다.
 얼핏 생각이 났다. '자주 다니는 식당에 하양, 빨강의 시클라멘꽃이 겨울을 아랑곳하지 않고 화려하게 웃고 있었지. 맞아. 언니가 무척 좋아할 거야.' 바로 정읍 시내로 갔다. 연분홍 진분홍으로 고르고 보니 허허하며 꽃웃음 할 큰언니 얼굴이 눈앞에 환하게 보였다.

    언니는 나를 볼 때마다 말했다.

    "내가 새복이면 기어가서라도 꼭 세수허고 기도를 허는디 동상 기도를 제일로 많이 허는그만. 안 아프고 일도 잘 되게 혀돌라고."

    그 이야기를 들을 때마다 번지는 눈물을 감추느라 눈을 깜빡거렸다.

    이번 여름 허리를 수술했을 때다.

    "동상 없으먼 나도 못 산게 빨리 낫어가꼬 와야 히여."

    언니를 생각하며 화분 두 개를 사서 나오는데 순간 시선을 사로잡는 아이가 있었다. 탐스러운 목화송이가 소박한 얼굴로 바라보고 있었다.

    "어머나! 이거 몇 송이 좀 포장해 주세요. 이걸 보다니 신기하네. 목화에 대한 추억이 있어서요."

    열 살쯤 되던 어느 날, 큰어머니는

    "인숙아, 보순아. 진상골에 가서 큰아버지를 데꼬 오니라. 보릿밭에 사는 ○○가 죽어가꼬 널을 짜야 헌다고 기별이 왔응께 싸게 갔다 오그라."

　대목수였던 큰아버지는 십 리쯤 떨어진 진상골 마을로 집을 지으러 가셨다. 어린 걸음에는 짧지 않은 거리였다. 비까지 오고 있었고, 우산이 없던 시절이었다. 큰어머니가 짚으로 엮은 도롱이를 비옷처럼 덮어주었다.

　진상골로 가는 도중 비가 멈추었는데, 도롱이를 그 자리에 벗어두었다가 돌아오는 길에 챙겨서 올 수도 있었겠지만 하늘빛과 구름이 언제 또 비를 내릴지도 모를 형상이어서 그럴 수도 없었다. 하는 수 없이 물을 먹어 잔뜩 무거워진 도롱이를 질질 끌고 갔다.

　가는 길 곳곳에 물웅덩이가 생겼고, 물을 먹느라 그러는 것인지, 목욕을 하려는 것인지 웅덩이마다 호랑나비가 모여 분주하게 움직이고 있었다. 심부름 따윈 잊고 끌고 가

제1부 ____ 자전거와 목화의 시간

던 도롱이로 나비를 내리쳤다. 아무리 내리쳐도 한 마리도 우리 손에 잡히지 않았다.

　시간이 많이 지났을 즈음에야 심부름 생각이 났다. 고놈의 호랑나비를 잡아 뭘 하려고 오랜 시간을 흘려 헛수고했을까. 지금 생각하면 웃음이 난다.

　조작조작 한참을 걸어갔다. 동네도 없는 산길로 들어섰을 때 우린 손뼉을 치며 폴짝폴짝 뛰었다. 커다란 목화밭이 눈앞에 펼쳐져 있었다.

　"다래다! 미영 다래다! 야! 우리 다래 따 먹자."

　달콤한 다래에 신들린 듯 조막손으로 하나씩 따고 다시 손을 옮길 때였다.

　"야들아! 너그들 누근디 넘의 밭에 다래를 따는 것이여. 우리 딸래미 시집 보낼 적에 이불 혀 줘야 허는디, 따 먹으면 쓰것냐고?"

　뭘 잘했다고, 잘못했다는 소리도 안 하고 울어댔는지.

　"그놈만 갖고 감서 먹고 후재는 따지 말어 잉~?"

　손등으로 눈물을 닦으며 다래를 깨물었다. 철딱서니들은 다래를 따 먹으면 목화솜이 없어진다는 사실을 그때 알았다. 눈물로 배우고 다신 따 먹지 말자고 했지만, 후에도 다래의 유혹은 뿌리칠 수 없었다. 간간이 어머니를 졸라대면, 덜 익은 다래를 간식으로 먹을 수 있었다. 달콤한 향이 혀끝에 맴돌았다.

"큰성 시집 가면 이불이랑 요대기랑 히야 헌게로 쬐끔만 먹어야히여."

간혹 어른들은 다래를 못 먹게 하려고 아이들에게 무서운 말을 하기도 했다.

"다래를 많이 먹으면 문댕이(문둥이)가 된다고 혔어."

"문댕이 된 사람이 없잔이여. 어메. 먹고 싶응게 따 주랑게. 앙 앙~"

늦가을이면, 따서 모은 목화송이를 '씨아'라는 기계에 넣고 돌렸다. 솜은 뒤로 나가고 씨는 앞으로 뱉어내는 풍경은 마법 같았다. 보풀보풀한 목화솜을 시렁에 얹어 보관하며 몇 년을 모았다. 그렇게 모아둔 것으로 이불을 지었다.

어느 시절부터인가 솜틀집이 생겼고 어머니들은 둥치 솜을 머리에 이고, 걸어서 정읍 장으로 갔다. 소박하고 따뜻한 삶의 풍요로움을 안고 돌아오는 길은 먼 길도 가까웠으리라.

그렇게 솜이 모이고, 조금 더 시간이 지난 어느 때였다. 옥양목이랑 공단인지 양단인지 몰랐지만 빨갛고 파란 천을 사다 우리집에서 동네 아줌마들이 모두 모여 이불을 만들었다. 이불과 요가 눈부시게 마무리되고 얼마 후, 큰언니는 솜이불과 함께 우리를 떠나 시집을 가 버렸다. 눈송이처럼 하얗고 따뜻한 목화솜이 이별의 아픔이기도 했다.

'어머니의 사랑'이라는 꽃말을 가진 목화의 슬픈 전설이 있다. 중국에 모노화라는 아가씨가 착한 신랑을 만나 예쁜 아이를 낳고 행복하게 살았는데 전쟁이 나자 젊은 남자들이 모두 끌려갔다. 남편은 돌아오지 못했다. 생계가 어려워진 여자는 죽을힘을 다하여 딸의 끼니를 이어가다가 오래 견디지 못하고 죽었다. 그 자리에서 처음 보는 풀이 자라더니 목화솜이 꽃처럼 피었다. 사람들은 딸이 따뜻하게 살았으면 하는 엄마의 마음이라 여기며 서럽게 떠난 모노화의 이름을 붙여 불렀다. 그 이름이 변하여 나중에 목화가 되었다. 시집 보낼 딸들을 위해 목화를 심어 따뜻한 이불을 만든 마음과 자식을 다독였던 모노화의 손 모양을 떠오르게 하는 목화 잎이 맺어놓은 상징이 아프다.

어느 해 목화씨를 구해 심었다. 목화솜이 품은 마음씨를 닮아 착하게 잘 자랐다. 십일 정도 지나니 싹이 트고 7월 말쯤 꽃이 피었다. 아침에 꽃이 피고 저녁에 지는데 노란색 꽃이 분홍이나 불그스레한 옷으로 바꿔 입었다. 다래가 열렸을 때 어릴 적 생각이 나서 먹어보니 달짝지근한 맛이 그대로였다. 큰아버지한테 들었던 얘기가 생각났다.

"야 야. 너그덜은 복 받은 것이여. 옛날에는 소캐(솜)가

없응게 보들보들한 갈대 씨(관모冠毛)를 비비가꼬 옷 속에 넣어서 맹그렀거만. 글고 하수아할애비(박주가리)씨 꼬타리를 까가꼬 쓰고 그랬당게. 그리라도 따땃혔당게."

목화는 고단함의 다른 말 같기도 하다. 모두 목화를 기르던 시절, 동네 어느 집은 목화로 무명실을 뽑아 베를 짜기도 했다. 베틀이 낳은 미영베[1]를 사서 자식들에게 적삼을 만들어 입혔던 시절이었다.

"탁탁! 철컥! 철컥!" 끝이 없이 이어지던 그 소리는 자식들 옷이 조금씩 만들어지는 소리였겠지만, 고단하고 고단한 소리였다. 베틀에 앉아 베를 짜던 친구 할머니의 노랫가락과 푸념이 귀에 쟁쟁하다.

"낮에 짜머는 일광단이요. 밤에 짜머는 월광단이라~ … 아이고 내 신세야. 이놈의 미영베 짜는 것이 신물이 나는거만."

---

1) 무명베의 전라도 말. '면화' 또는 '무명'을 전라도 말로 '미영'이라 부른다.

작년에 왔던 각설이

 오래전 살았던 옥정호수에 물안개가 스멀스멀 기지개를 켜면 날짐승이면서 물짐승이 되고 싶은 듯 청둥오리가 물살을 가르며 부지런히 노를 젓는다. 작년에도 살았던 녀석인지 길눈 낯설어하지 않고 제일 먼저 찾아와 터줏대감 노릇을 하고 있다.
 작은 얼음 알갱이들을 등 털에 가득 짊어지고 지나가는 저 고요한 풍경 너머에 옛 집터의 흔적이 보인다. 댐이 생기며 물이 들어차고 상수원보호구역으로 지정되어 더는 사람이 살 수 없게 된 고향. 비가 많은 철이면 마을이 있던 자리까지 물이 차오르고, 비가 적은 철에는 풀들이 그 자리를 덮지만, 사라지지 않는 마을의 잔영까지는 덮지 못한다.
 육십여 년 전의 기억들이 반가워하며 다가온다. 어느 집 잔칫날이 되면 엄마들은 한곳에 모여 음식을 만드느라 분주했다. 맛있는 냄새가 온 동네를 휘저었고 특히 전 부치는 들기름 냄새에 아이들은 들썩이기 시작했다.

  잔칫집 흙 돌담은 우리 키보다 높았다. 돌덩이를 굴려다 딛고 서서 "어매." "어매." "어매." 열 명 남짓 악동들의 어매 합창이 시작되었다. 머지않아 거나하게 차린 잔칫상에 초대받게 된다는 것을 이미 알고 있는 터였다.

  마저 깨물지도 않고 두 손으로 집어 입속에 쑤셔 넣었다. 게 눈 감추듯 상을 비우고 슬금슬금 집 밖으로 나오면 몇은 여느 때와 같이 담벼락에 기대앉아 배를 잡고 울었다. 나는 그때까지 배가 아픈 것과 배가 고픈 것이 뭔지 몰랐는데 그날 어렴풋이 알게 되었다. 많이 먹어서 배가 아픈 것과 배가 고파서 아픈 것은 다르다는 것을….

  울던 소리가 잦아들고 있을 때 서서히 다가오는 노랫소리.
"야! 경섭이다."
아이들은 언제 울었냐는 듯 용수철처럼 튀었다.
"경섭이, 장타령 좀 해줘"
"작년에 왔던 각설이 죽지도 않고 또 왔네."
"얼~씨구씨구 들어간다, 절~씨구씨구 들어간다."
  타령을 열심히 듣다가 추임새를 넣어야 할 대목이 되면 아이들은 놓치지 않고 추임새를 넣었다.

 경섭이는 근처 동네를 순회하는 거지였지만 우리의 친구였고, 온 동네 잔칫날을 쪼르륵 꿰는 호적계장이었다. 경섭이가 마을에 들어서면 아름다운 향연이 펼쳐졌다. 한쪽 발을 두 번씩 번갈아 뛰는 지금의 투스텝 춤을 그 시절에 이미 추고 있었다.

 사람살이가 마냥 안온하지 않은 것은 아이들도 예외가 아니었다. 수건돌리기를 하다가 싫증이 나서 술래잡기 놀이에 빠져있을 때 마을에 양단 두루마기를 입은 낯선 여자 둘이 찾아왔다. 낯선 등장에 다들 토끼 눈을 했다.

"삼주야~"

 아들딸이 아홉이나 되는 집에서 동무를 부르는 소리가 들렸다. 주변을 경계하는 새가 된 듯 놀라고 있을 때 보자기를 안고 옷소매에 눈물 콧물을 문지르며 삼주가 비단옷 입은 여자들을 따라나섰다. 삼주는 애기담사리[2]를 간다고 했다. 그놈의 애기담사리가 뭔지 몰랐지만 삼주가 마을을 떠난다는 사실을 아이들은 금세 알아챘다.

"삼주야! 가지마."

"아지매! 삼주 데려가지 마요."

울면서 동네 어귀까지 따라갔지만, 양단 두루마기를 입은 낯선 여자 둘은 삼주를 데리고 귀찮다는 듯 쌩쌩 바람소리를 내며 걸음을 재촉했다. 두 발이 땅에 붙은 채 시무룩해 있을 때, 삼주가 멀어져가는 길을 따라 선한 웃음을 한 경섭이가 오고 있었다.

"장타령 좀 불러줘~."

"작년에 왔던 각설이~"

친구가 떠나간 자리에서 또 한바탕 신명이 난 투스텝 춤판은 철부지들 슬픔의 색을 흩트려 놓았다.

"얼~씨구 씨구 들어간다. 절~씨구 씨구 들어간다."

노랫소리가 삼주의 멀어져가는 모습을 배웅하고 있었다.

---

2) 애기담사리 - 아이보개, 애보개의 전라도방언. (아이 돌보는 사람)

땐스야 땐스야 강남 땐스야

 눈이 수북이 쌓인 들길을 걸었다. 하얀 세상이 발끝에서 바스락거렸다. 논은 휑한 풍경을 드러내고 있었다. 노란 벼가 울창하게 채우고 있던 자리엔 잘리고 남은 벼포기의 밑동이 일정한 간격으로 드문드문 얼굴을 내밀고 있었다.
 그 사이를 멧비둘기 한 마리가 작은 부리로 눈을 헤집고 혹시 남아있을지 모르는 낱알들을 찾고 있었다. 알뜰하게 거두어도 남는 것이 있었을 텐데 이미 다른 새들이 알뜰히 주워 먹었는지, 눈이 덮여 찾기 어려웠는지 멧비둘기는 허탕을 친 듯 고개를 들고 다른 곳을 향해 총총걸음을 했다.
 눈밭에 남겨진 발자국이 신기했다. 일자로 곧게 이어진 자국들이 누군가 정성스레 새긴 글씨 같아 걸음을 멈추고 멧비둘기 뒷모습을 바라봤다. 작은 엉덩이를 씰룩이며 눈길을 걷는 모습이 우스꽝스러웠으나 먹이를 찾아 눈 속을 다니는 발이 시리지 않을지 측은지심이 생겼다.

 멧비둘기처럼 조심스레 걷다 보니 눈 위에 내 발자국이 가지런히 찍혔다. 저만치 고속도로에서 들려오는 자동차 소리. 설이 지나 귀경길에 오른 자동차들의 걸음이 바빴다. 저들은 어떤 설을 보내고 돌아가는 걸까?

 어린 시절 설날 풍경이 얼굴을 내밀었다. 푸훗! 하고 웃음이 나왔다. 새 옷을 짓고 남은 자투리로 복주머니를 만들어 앞섶에 달았다. 설렘 가득한 얼굴로 어른들께 세배하러 다녔고, 맛있는 음식으로 배가 부른 아이들의 웃음소리는 고샅에 가득 퍼졌다. 뒤따라 재미있는 놀이가 기다리고 있었다.

 남자아이들은 밖에 모여 연날리기, 제기차기, 자치기, 딱지치기를 하느라 동네가 떠들썩하고 여자아이들은 큰집으로 모였다. 배가 부른 터라 맨 처음은 다리 세기 놀이를 했다. 마주 보고 다리를 서로 사이에 끼고 앉아서 한 다리씩 치고 지나가다가 땡! 하고 노래가 끝날 때 맞는 다리를 접고 다시 시작하는 놀이였다.

 68년이 지난 지금까지 기억이 남아있는 것은 할머니, 어머니, 언니들까지 어울려 불렀던 노래여서 머릿속 깊이 살아 있는 것 아닐까.

"이거리 저거리 각거리

전사 만사 주머니 끈

제비 똑똑 먹은 죽

하야 감사 허리 땡!"

귀청이 떨어질 만큼 떼창을 했지만 어떤 지청구도 듣지 않고 허용되는 날이었다. 거기에 음식상까지 푸짐하게 받았으니, 노랫소리는 점점 더 커졌다.

하던 놀이가 심심해지면 다른 놀이로 바꿨다. 둘씩 짝을 만들어 마주 앉아서 쎄! 쎄! 쎄! 놀이를 했다.

"쎄 쎄 쎄

아침 바람 찬바람에 울고 가는 저 기러기

우리 강 선생 떠날 적에 엽서 한 장 써 주세요

한 장 말고 두 장이요

수리수리 마수리 쟝 께이 뽀"

'쟝 께이 뽀'가 일본말이라는 걸 모르는 아이들은 가위바위보를 그렇게 부르며 놀았다. 이기는 사람이 상대방 뒤통수에 손가락으로 찍고 "어떤 손?" 하며 알아맞히기를 해서 걸리는 사람은 벌칙을 받았다. '팔목맞기'였다. 자주 걸린

아이는 팔목이 벌겋게 자욱이 나면 삐져서 안 한다고 울먹였다. 그러면 언니들 몇이 일어나서 아이들을 웃겨줬다.

　이불을 올려놓거나 메주를 달아 놓는 시렁이 집마다 있던 때였다. 언니들은 시렁을 잡고 서서 한쪽 발씩 번갈아 가며 방바닥에 비비면서 이상스러운 춤을 췄다. 지금의 트위스트가 처음에 그렇게 알려졌을까. 아이들은 동그랗게 눈을 뜨고 쳐다봤다. 기껏 아리랑이나 도라지, 산토끼, 나비야, 푸른 하늘 은하수 같은 춤만 알고 있던 때였는데, 처음 들어보는 리듬의 노래를 가르쳐 주며 부르라고 했다.

　"땐스야 땐스야 강남 땐스야"

　모두 따라서 부르면 온돌방 구들이 꺼지도록 비벼댔다. 언젠가 다섯 살 위인 성남 언니한테 전화로 물어본 적이 있었다.

"언니, 어릴 때 시렁을 잡고 불렀던 땐스야 땐스야가 도대체 뭐였어? 그걸 어떻게 알고 했어? 아무리 생각해봐도 모르겠길래. 언니는 알아?"

"나도 모르겠어. 아마 누군가 서울에 다녀와서 마을에 퍼뜨렸나 봐. 그러니까 노래도 끝까지 모르고 그냥 '땐스야'만 불러댔겠지. 야! 근데 넌 기억력도 좋다. 호! 호! 호!"

해가 질 무렵이면 설날 놀이의 하이라이트인 손대 잡기가 등장했다. 아이들 키만 한 대나무 줄기를 가지고 한 사람이 두 손으로 잡고 엎드려있으면 나머지는 노래를 불렀다. 큰집 순애 언니가 맨 처음 대나무를 잡았다.

"남원골 춘향 아씨 성은 임 씨요. 이름은 순애요. 술술 내리시오. 술술 내리시오."

연달아 불러대도 어떤 일도 일어나지 않았다. 돌아가면서 대나무를 잡았지만 마찬가지였다.

"야! 다 안 되게 인제 영순이 니가 손대를 잡어보니라."

"남원골 춘향 아씨 성은 오씨요. 이름은 영순이요. 술술 내리시오. 술술 내리시오."

신내림을 받았던 것인지, 우리를 놀리려고 스스로 최면술에 걸린 척한 것인지 모르지만, 한참 후에 대나무가 흔들리기 시작하더니 벌떡 일어나서 훌쩍훌쩍 뛰는데 무당 할머니가 굿할 때의 모습과 똑같았다.

"야들아. 한뻔에 노래를 끄치면 쟈가 죽응게 소리를 쬐끔씩 짝게 험서 찬찬이 끄쳐야 혀."

제일 나이 많은 탄이 언니가 당부했다. 영순 언니는 신들린 노래를 마치더니 땀을 뻘뻘 흘리고 벌떡 누워서 새하얗게 되었다가 조금 후에 푸! 하고 숨을 쉬면서 일어났다. 모두 숨죽이고 그 모습을 신기한 듯 지켜보며 서로의 얼굴에서 같은 감정을 확인하고 있는데 금주 언니가 입을 열었다.

"야들아! 우덜은 암도 안 되는디 영순이만 손대가 내린가비여. 근디 암시랑 안 허냐?"

"암시랑 안 헌디 심만 쪼끔 없그만."

영순 언니가 머리를 긁적거리며 작은 소리로 대답하는데 이집 저집에서 아이들 부르는 소리가 담을 넘어왔다.

"아그들아! 인자 고만 놀고 후딱 와서 밥 먹고 자랑게. 얼릉 안 오면 뒷산에서 여시가 나온당게."

아이들은 여우가 나올까 봐 '다리야 나 살려라.' 하고 냅다 집으로 달려갔다.

"아그들은 여시가 홀려 간게 해지름판이면 배깥에 나가먼 안 되거만"

다섯 살 때까지 우리 산골 마을엔 여우가 살고 있었다.

누렁이와 비슷했는데 긴 꼬리를 땅에 질질 끌고 다녔다. 나중에 학교 다닐 때 책에서 여우 그림을 봤는데 그때 여우하고 똑같았다.

　아이들의 동화 같았던 설의 풍경이 어느새 옛날 한 옛날의 이야기가 되어버렸다.

도깨비불의 시간

 밤새 외로웠는지 산까치가 머리 위를 돌며 출근하는 농장 식구들을 반겼다. 키 큰 돌배나무에서 모과나무로 다시 팽나무로 옮겨가며 눈길을 주는 모습을 보니 말이라도 걸어주길 바라는 것 같았다.
 "농장 잘 지켰냐?"
 큰 소리로 아는 체하며 비닐하우스로 들어갔다. 오십만 개의 꽃무릇 주문이 들어 왔는데, 그 정도 양이 되면 숫자 세는 일이 만만치 않은 일이 된다. 칠십이 넘은 나이들인지라 잠시라도 샛길로 빠져 낭패를 보지 않으려면 정신을 바짝 차려야 한다.
 "하나, 둘, 셋, 넷"
 "둘, 넷, 여섯, 여덟"
 "다섯, 열, 열다섯, 스물"

"일, 이, 삼, 사"

묘하게도 세는 방법이 각자 다르다. 입에 붙은 습관의 뒤편에는 셈법으로 굳어진 삶의 이력이 숨어 있을지도 모른다. 사물을 세는 셈법을 만든 이력이 큰 이력은 아닐지 모르지만 한 사람에게는 세상을 가늠하는 잣대다. 세상이 말하는 이력이란 게 큰 것들만 있겠는가. 각자 가진 작은 방법들이 그들을 살게 하고, 하나둘 모여 세상을 이룬 것이겠지.

곁눈질도 안 하고 각자의 셈법으로 다들 정신을 쏟아붓고 있는데 걷기 운동을 하던 사람이 작업장으로 들어와 아는 체를 했다. 누구 하나 답을 하지 않았다. 화난 사람들처럼 말대꾸도 하지 않는다고 구시렁대면서 뒤돌아나갔다. 얼른 뒤따라가, 숫자 세다 잊어버릴 수 있어 대답하지 못하는 거니 오해하지 말라고 설명하자 "아, 그리여."하고 고개를 끄덕이며 웃었다.

숫자를 세다가 다른 이야기를 할 입이 붙어버리면 큰일이다. 잠시 쉬었다 하자고 하니 좋아라 손을 털며 일어나 허리를 젖히며 기지개를 켜기도 하고, 멧비둘기 울음소리에 귀를 기울이며 산그늘 드리워진 풍경을 바라보기도 했다. 그 사이 새참이 도착했고, 새참을 먹으면서 숫자들 사이를 맴돌던 말문이 열렸다.

"아이고, 도채비[3]방맹이가 있으면 참말로 좋겄는디."
"뭔 뜽금 없는 소리를 헌데여."
"뚝딱 허고 뚜들이면 숫자를 다 시어줄 거 아니여."
"그나저나 시방은 도채비가 없는 개비여. 어디로 다 가뻔졌는가 몰르겄어."

 중학교에 다니던 시절 버스를 타고 통학했다. 우리 산골 마을이 종점이었다. 하루에 세 번 차가 왔는데 새벽 여섯 시에 첫차를 타야 했다.
 어머니는 솥에 물을 데워놓고 밥 준비를 하시느라 네 시

---

3) 도채비 - 도깨비. (전북 지역어)

반부터 서두르셨다. 공부하느라 호롱불에 새까맣게 그을린 코 밑이며 얼굴을 따뜻한 물로 씻고, 허겁지겁 밥을 먹고 차를 놓치지 않기 위해 온 힘으로 뛰어야 했다. 날마다 벌어지는 새벽 풍경이었다.

어느 날, 어머니가

"모다들 인나서 도채비불 좀 보랑게"

"도채비불?"

마루에 모인 식구들은 기이한 불놀이를 구경할 수 있었다. 아, 도대체 저게 뭔가! 옥정호 상류 강줄기를 따라 좁은 길을 불꽃이 행진하고 있었다. 한두 개가 깜빡이다가 금세 몇십 개가 되기도 하고 다시 작아졌다가 백 개가량으로 늘어나기도 하며 2~3킬로미터쯤 떨어졌을 것 같은 거리에서 다가오고 있었다. 분주히 움직이고 늘었다 줄었다 하던 불꽃은 마을에서 조금 떨어진 외딴곳에 있었던 상엿집 근처에 이르더니 거짓말처럼 갑자기 사라졌다.

1959년도 말 중학생 시절에 신기하고 이해할 수 없었던 도깨비불을 그렇게 여러 번 목격했다. 학교에 가서 선생님께 도깨비불에 대하여 설명해 달라고 졸라댈 때마다 "야 요 녀석아. 그런 게 어딨어? 아마도 반딧불을 본 거겠지." 하시며 잘못 본 취급을 하셨고, 다른 곳에서도 마찬가지였다. 두 눈으로 또렷이 본 어려운 숙제를 그렇게 풀지 못하고 세월이 지났다. 내겐 정말 궁금한 도깨비 얘기였는데 말이다.

  이야기를 듣던 정읍댁이 말을 이어갔다.
  "나도 부전동(정읍과 내장산 사이의 마을)에 살 때, 방죽이 안 생겼을 땐디 소태쟁이랑 운암리 깔끄막에서 고것들을 맷번 봤당게. 첨에 한 두어개 생길 때는 푸르둥둥한 색깔로 깜빡이더만, 뻘건 색깔로 바꿔지더라고. 참, 글고 우리 사촌 동상이 서울서 댕기로 오다가 그 놈들한테 홀려가꼬 저녁내 끌려 댕깄디야. 날이 새고본 게 공동 매똥에 있더래여. 거반 혼이 나가뻔져서 매칠을 누워있었당게. 참말이여."
  "나도 봤거만."
  영광댁도 자랑하듯 달구어진 이야기판을 비집고 들어왔다.
  "쬐깐헐 때 영광에서 동네 사람들이 다 봤당게. 앞 동네 냇갈에서 불이 꺼졌다 써졌다 허더니 쪼끔 있응게 우 알로 폴짝폴짝 뛰기도 허더랑게."
  "허기사 우리 동네 어떤 양반이 있었는디, 도채비허고 씨름을 힛대여. 장에 갔다 오는디 불이 깜빡거리더만 시꺼머코 키가 큰 나매[4]가 나타나가꼬 씨름을 혀서 지면 장에서

---

4) 나매 - 남자. (전북 지역어)

사가꼬 오는 괴기를 달라고 허더래여. 괴기를 안 뺏길라고 죽게 살게로 쌈을 혀서 이겼대여. 도채비를 낭구에 짱짱허게 쨈매놓고 아침에 봉게 달아진 쑤시 비찌락 이더래여. 긍게로 도채비허고 쌈을 헐라면 외약쪽 다리를 걸어야 이긴다고 알켜 주더라고. 참 요상스런 일이였당게. 지금 도채비불을 안 본 사람들은 이런 말을 허면 부앙 떤다고 헌당게. 누가 뭣이라고 혀도 요렇게 살아 있잔이여. 우리가 증인 이랑게 증인."

팔순이 다 된 왕언니 칠보댁이 가슴을 가볍게 두드리면서 말하다가 입이 말랐는지 물을 마셨다. 이야기는 판을 빠져나갔지만 그러고도 한참이나 도깨비 생각이 머릿속을 채웠다.

고등학교 때 선생님의 이야기로는 많은 인 가루가 바람에 부딪힐 때마다 불꽃을 만든다고 했지만, 인정할 수 없었다. 그것들이 어떻게 줄을 지어 움직일 수 있단 말인가? 늦가을에서 초겨울에 스산한 바람이 불던 때면 나타났던 도깨비불은 전깃불이 없던 시절이어서 더욱 또렷하게 눈에 들어왔지만 그다지 무섭지는 않았다.

흥이 많은 병순 아줌마가 갑자기 큰 목소리로 노래를 불렀다.

"이상하고 아름다운 도깨비 나라. 방구 뀌고 돈 벌어먹는

튀밥 장수야. 금 나와라 와라 뚝딱, 은 나와라 와라 뚝딱"

어린 시절 고무줄놀이를 하며 불렀던 노래다. 팔팔하게 뛰놀았던 시절을 회억하며 모두 하하하 웃었다. 도깨비가 어디선가 훌쩍 나타나 노래도 함께 부르고 꽃도 세어주면 좋겠지만, 기대할 수 없는 노릇, 우린 다시 꽃무릇 숫자를 세기 시작했다.

"하나, 둘, 셋, 넷"
"둘, 넷, 여섯, 여덟"
"다섯, 열, 열다섯, 스물"
"일, 이, 삼, 사"

혼불 떨어진 자리

 어릴 적 살던 봉무동鳳舞洞. 새가 춤추는 마을 뒷산에는 멧비둘기, 부엉이, 소쩍새, 꿩, 박새, 오목눈이 같은 새들이 보금자리를 짓고 오순도순 지냈다.

 새들의 숫자가 줄어든 것 같아 속상하지만, 간간이 저마다의 색을 지닌 목소리로 시를 지어 들려주는 모습은 그때나 지금이나 달라지지 않았다. 오늘 아침에는 박새가 애잔하면서도 맑은 시를 들려주었다.

 새들의 시를 들을 때마다 환한 빛을 떠올리게 된다. 고등학생 시절이었던 1968년쯤이었을까. 토요일이면 시골집으로 달려왔다. 눈길이 먼저 마을을 만나고, 발걸음이 마을로 들어서기도 전에 산 내음이 다음 순서를 기다리다 반갑게 맞아주었다. 반가운 두 번째 해후가 끝나고 나면 낯익은 일상이 곳곳에서 순서대로 날 만나려고 기다리고 있었다.

작은 시내가 흐르는 연동 거리엔 빨래판으로 쓰기도 하는 징검다리가 있었는데, 발도 담그고 머리도 감고 운동화도 빠는 풍경이 그냥 지나칠 수 없는 해후로 기다리고 있었다. 하루 일을 마친 엄마들이 등에 포대기로 막내 아이를 업고 빨랫거리를 머리에 이고 하나둘 모여들던 모습. 빨래를 두들기는 사이사이 잔 물살에 흘려보내던 푸념.

집에서 만든 비누를 사용하던 시절이었다. 양잿물과 쌀겨를 섞어 만든 비누였는데 어찌나 독했는지, 돌 틈 사이에서 양잿물을 마시고 정신이 혼미해진 민물뱀장어, 메기, 피라미, 꺽지 등이 비눗물이 흘러가는 길을 따라 희끗희끗 몸을 뒤집으며 떠오르곤 했다.

우리는 빨래를 하다 팽개치고 방망이로 물을 치며 떠오른 작은 물짐승들을 잡으려고 이리저리 뛰어다녔다. 제대로만 내려치면 저녁 밥상이 풍성할 판이었다. 혼미해졌다고는 하지만 날아드는 방망이를 곧이곧대로 맞을 정도는 아니어서 부풀었던 꿈은 물거품이 되었고, 비에 젖은 생쥐 꼴이 되기 일쑤였다.

물짐승들을 잡지도 못하고 시간만 허비한 사이에 땅거미가 스르르 몰려오고 있었다. 칠흑이 되기 전에 서둘러 머리를 감고 있는데, 물에 비친 환한 빛! 웬 불빛일까? 화들짝 놀랐다. 모두 하늘을 쳐다본 순간 괴이한 것이 지나갔

다. 다리미 모양의 불덩어리였다. 그 시절의 다리미는 숯을 담는 동그란 몸체에 손잡이가 길게 달려있었다. 어른들이 크게 소리쳤다.

"사람 불 나가네."

"혼불이랑게. 나매(남자) 불이거만."

"누구 불이 나갔는가 몰르겄네."

혼불은 미세한 소리와 함께 불꼬리를 나풀대며 머리 위로 순식간에 지나가 버렸다. 놀란 눈으로 혼불이 향한 쪽을 바라보고 있는데, 사람이 죽을 때는 미리 불이 나간다는 어른들의 설명이 이어졌다. 혼불이 가까운데 떨어지면 3일 안에 죽고, 멀리 떨어지면 석 달 내에 죽고, 산을 넘어가면 삼 년 지나 죽는다는 것이었다.

"혼불이 떨어지는 디다가 매똥을 맹글머는 참말로 존 맹당 자리라고 허든디 그것을 어떠코롬 알겄어."
 다들 집에 가는 걸 잊고 혼불이 사라진 쪽을 바라보며 한참 동안 웅성거렸다. 태어나 처음 본 혼불이었다. 그날 이후로 혼불은 머릿속에서 내내 떠나지 않았다.
 우리 마을에는 창호지 만드는 소규모의 종이공장이 있었다. 닥나무를 삶아 껍질을 벗겨 말리고, 다시 물에 불려서 진한 갈색 껍질을 깨끗이 긁어내야 창호지를 만들 수 있었다. 집마다 닥나무 껍질을 긁는 일이 옹골진 수입원이었다.
 성남 언니의 손바닥에는 언제나 옹이가 있었다. 열심히 돈을 벌어 나를 학교에 보내려는 뒷바라지 때문에 박인 옹이였다. 깨끗하게 긁은 닥나무 껍질을 줄에 널어 말리다가 저녁때가 되면 이슬이 맞지 않게 거둬들여야 했는데, 성남 언니의 일이었다. 토요일이라 집에 와서 일손을 돕던 나는 어두운 곳을 밝히며 환하게 지나가는 불빛을 또 보았다. 방석만 한 둥근 불이었다.
 "혼불 나가네"
 "저것은 여자 불이거만."
 "또 어디서 누가 죽을까 몰르겄네."
 남자 불과 달리 여자 불은 대굴대굴 굴러가는 모양이었다. 그 후로 남자 여자 불을 세 번을 더 봤다. 혼불을 본 사람이 아니면 절대로 곧이듣지 않았지만 본 사람도 종종 있어서 같이 이야기를 나누며 반가워했다. 봤던 모습도 똑같았다. 그렇게 혼불 이야기는 사라지지 않고 사람들 사이에서 은은히 존재하며 오르내리고 있었다.

 혼불에 관한 이야기를 참 많이 들었지만 어렸을 때 동네에서 제일 어른이었던 친구 아버지 이야기는 두고두고 머리에 남아있다.
 "경자네 하나씨[5]는 혼불이 나왔는디 나갈 구멍을 찾을라고 방구석을 돌아댕긴게 얼릉 그 불을 집어서 생켜버리가 꼬 백살이 다 될 때꺼정 살았다고 혔어. 긍게로 문구멍을 뚫으면 안 된다고 허는 기여."
 어렸던 우리는 친구 아버지의 전설 같은 이야기를 듣고 창호지 문에 구멍을 내지 않으려고 애를 썼다. 엄마 아빠의 혼이 나가 돌아가시면 큰일이니까.
 중학생 때 처음 만난 도깨비불과 고등학생 때 처음 만난 혼불을 그냥 묻어버릴 수 없는 일이었다. 어느새 내 세계의 어느 자리를 오목하게 지키는 존재들이 되었다. 괜히 선생님을 졸졸 따라다니며 질문을 했지만, 명쾌한 답은 얻

---

5) 하나씨 - 할아버지. (전북 지역어)

지 못했다. 도깨비나 혼불 이야기를 꺼내면 호랑이 담배 피우던 옛이야기를 하고 있다고 되려 핀잔을 들었다.

우리가 봤던 혼불이 제법 덩치가 큰 별똥별이었을 수도 있다. 하지만 눈에 들어오는 물리법칙이란 게 있다. 방안에서 뜰에서 별똥별이 하늘을 향해 날아갈 수는 없다. 혼동할 수 없는 것으로는 거리감도 있다. 별똥별은 우리가 본 혼불의 거리감과는 다른 세계의 거리감이었다. 저만치에서 불을 밝히며 불꼬리를 흔들며 사라지는 모습은 멀리에서 휙 지나가는 별똥별의 모습으로 인정하기에는 너무 다른 거리감이었다.

아무리 양보해도 우리가 봤던 혼불하고는 판이하다. 혼불을 목격한 이들이 가까운 주변에 아직도 열 명이 넘는다. 우리의 기억은 오류가 아니라고 믿는다. 농장 가족인 효례아줌마도 혼불의 기억을 갖고 있다. 남편이 삼 년 전에 소천했는데, 다른 아줌마들에게 진지하게 당시의 정황을 이렇게 전했다.

"우리집 나매가 죽기 매칠 전이었당게. 자다 봉게 방문아피가 불이 지독허게도 훤히서 놀래가꼬 일어나 봉게 눈 껌쩍일 새에 없어져 버렸당게. 뭔 일인지 몰러서 동네 사람들헌티 말헌게 '지비(당신) 나매 혼불이 나갔는갑네' 혀서 귓등으로 들었는디 참말로 매칠있다가 죽었당게. 시방도 혼불이 있는 게비여."

　혼불은 풀 수 없는 수수께끼다. 아무리 문명이 발달해도 여전히 미답으로 남는 것이 있다. 그걸 초자연적인 현상이라고, 신비한 현상이라고 제쳐두기에는 우리 안에 틀어놓은 세계가 단단하다.

　혼불을 만났던 우리는 지금도 모이면 혼불 이야기를 나눈다. 혼불을 기억하는 우리가 모두 떠나기 전에 글로 써서 후대에 남겨놓아야 하지 않겠냐는 다짐도 나눈다. 다시 살아날 수 없는 마지막 빛이라는 혼불 이야기를.

야들아! 끔 만들러 가자

    동튼 지 얼마 되지 않았지만, 부지런히 움직여 산책길에 나섰다. 어느새 들녘은 텅 비어 있다. 어제 종일 콤바인이 넓은 들판을 무법자처럼 돌아다니더니 하얀 공룡알을 여기저기 낳아 놓고 갔다.

    장발이었다가 입대하는 청년들의 짧은 머리가 된 벼포기는 세월을 내달려온 선수가 결승점에서 내쉬는 듯한 거친 입김을 사방으로 뿜어내고 있다. 보일 듯 말 듯 깔린 옅은 안개가 잘린 벼포기들의 숨인지도 모르겠다.

    매일 다니는 길을 조심스레 걷고 있는데 어제 아침만 해도 눈에 띄지 않았던 왕고들빼기 한 줄기가 늦은 꽃을 피웠다. 뭘 하느라 시절을 망각했을까? 병아리 색깔이라고 해야 할까. 자연의 색은 더러 표현하기 어려울 때가 많다. 녀석들을 보니 살포시 떠오르는 얼굴들이 문득 그리워진다.

한 살 터울인 큰집 오빠를 우린 메기라고 놀렸다. 입아귀가 길게 째져 넓게 보인 탓이었는지, 누가 언제부터 그렇게 부른 이름인지 기억나지 않지만, 순전히 애칭으로 그렇게 통하고 있었다.

시계 따윈 존재조차 몰랐던 1960년대 산마을의 하루하루는 동화 같은 나날이었다. 첫닭 우는 소리가 들리면 날이 샌다는 것을 동네 아이들은 알고 있었다.

"야들아! 끔[6] 만들로 가자."

그렇게 소리치며 한 바퀴 돌고 나면 하나둘씩 새벽 귀신이 되어 우리집으로 모여들었다. 아버지와 어머니는 어이

---

6) 껌(gum)을 전라도에서는 그렇게 불렀다.

가 없는지 "허허" 웃으셨다.

"아그들아. 아직 깜깜혀서 배깥에 못 나강께 여그와서 노래나 혀봐라."

제일 용감한 큰집 오빠가 일어섰다.

"나비야, 나비야 이리 날라 오너라. 노랑나비 흰나비 춤을 추며 오너라."

뻣뻣한 손을 위아래로 흔들면서 나비 흉내를 내면 배꼽들이 이리저리 빠져 뒹굴어 다녔고, 그러는 사이에 어느새 동이 텄다.

간밤에 쪄놓은 물고구마로 아침밥을 대신하고 우루루 몰려 껌풀을 찾아 나섰다. 마을 뒤켠 밭둑이나 산언저리에서 씨앗똥(왕고들빼기)을 찾아 뒤졌다. 손가락 굵기를 찾으면 짝짝짝 손바닥을 쳤다. 기둥을 뚝 자르면 하얀 액이 눈물처럼 흘러나왔다. 불쌍하다는 생각은 하지도 않았다. 문제는 굳어질 때까지 시간 보내기였다.

시간을 보낼 일은 여기저기서 제 순서를 기다리고 있었다. 어린 눈에는 시간을 쓸 일이 더 많았던 것일까. 이슬을 덮고 자는 잠자리 잡기가 제일 좋은 구실이었다. 각자 기구(?)를 챙겨 묵정밭을 훑었다. 삼 줄기 가운데를 한 뼘쯤 쪼개고 쪼개진 사이를 막대기로 걸쳐서 온 동네를 다니며 거미줄 그중에도 왕거미가 짠 거미줄을 감으면 기막힌 잠자리채가 되었다. 눈먼 잠자리 몇 마리를 낚은 기쁨은 하늘을 찔렀다.

"씨앗똥한테 가자!"

잊고 있었던 씨앗똥을 향해 말달리기를 했다. 검정 고무신은 으레 벗어지기 일쑤였고 급한 마음에 아예 손에 들고 뛰었다. 진액을 모으니 작은 눈깔사탕 크기만 했다. 맨 먼저 씹는 아이가 쓴맛을 다 먹어야 하지만 아랑곳하지 않았다. 벌떼가 되어 서로 차례를 다퉜다. 입에서 입으로 오가는 사이 껌은 얼마 가지 않아 삭아버리고, 아이들은 또다시 씨앗똥을 찾아 발걸음이 분주했다. 그렇게 좋았던 날의 꿈들은 씨앗똥 껌처럼 세월 따라 사그라지고 "나비야"를 불렀던 큰집 오빠는 암으로 하늘나라로 떠났다.

각각 제 길로 간 그리운 얼굴들은 어떻게들 살고 있을까? 씨앗똥 껌을 나눠 깨물던 그 시절을 떠올리며 "건강하게 살았으면 좋았을 텐데." 하는 바람을 날려 보지만 마을 입구는 평소처럼 조용하다.

껌을 선물해주었던 아이의 호적 이름은 왕고들빼기, 필명은 씨앗똥, 예명은 토끼풀이다. 토끼가 먹었는데 지금은 쌈채소로, 무침으로, 피클로, 건나물로 널리 애용되고 있다. 그러나 씨앗똥 껌 이야기는 아무도 하지 않는다.

땅벌에 쏘인 추석

마음 한 귀퉁이라도 도려낼 듯 차가운 바람이 이곳저곳 기웃거리며 찬찬히 지나가지 않고 잎 없이 풍경을 지키고 있는 나무들 사이를 건성건성 빠르게 지나가고 있었다. 남아있는 바싹 마른 이파리들이 차가운 하늘 속으로 때늦은 발길을 놓으려는지 서걱서걱 소리를 내고 있었다.

택배가 왔다는 카톡 소리에 농장을 들러보러 나온 참이었는데, 눈이 부시도록 농장 주변을 넓고 하얗게 덮은 눈이불 위에 작은 발자국이 듬성듬성 나 있었다. 겨울이 아니었다면 눈에 띄지도 않았을 작은 발자국들이었으나, 아무도 딛지 않은 눈밭이 제 몸에 찍힌 흔적을 선명하게 보여주고 있었다.

굶주림이 사람보다 무서웠는지, 겁많은 고라니가 사람의 자리까지 무릅쓰고 내려왔다가 먹이를 찾지 못하고 그냥 돌아갔던가 보다. 발자국이 잘 남지 않는 푸르른 날엔 귀한 꽃까지 가리지 않고 입질해서 미웠는데 먹이를 찾아 헤매다 아무것도 얻지 못하고 굶주린 채 떠났을 고라니의 흔적이 눈밭에 찍힌 모습을 보니 안쓰러운 생각이 들었다.

비닐하우스 안의 파란 풀을 뽑아 발걸음이 오래 머문 듯한 하우스 앞에 놓아두고 내려오는데 마을 경로당 앞에서 너듸댁 아들이 인사를 했다.

"잘 계셨어요?"

"응. 부모님 뵈러 왔나 보네."

"설엔 차가 밀려서 오기 힘드니까 부모님을 서울로 모셔 가려고 미리 왔어요."

"참 고마운 일이네. 그게 효도지. 부모님도 기뻐하시겠네."

까치 소리를 들으며 온 동네 자식들이 찾아들어 시끌벅적하던 시골 마을의 명절 풍경은 시절의 속내를 따라 서울로 떠나버리고, 빈집들만 남겨진 쓸쓸한 풍경으로 변해버렸다.

어린 시절에는 손가락을 꼽으며 기다리던 때가 설과 추석이었다. 설은 큰 명절, 추석은 작은 명절이라고 부르기는 했지만, 눈이 만든 모습이 아무리 아름다워도 작은 명절인 추석이 훨씬 재미있었다.

특별한 추석의 기억 하나가 68년 동안 걸어온 길을 계속 따라오고 있다. 그 기억의 깊은 자리에는 감이 있다. 추석 무렵이면 다랑논엔 메뚜기가 뛰고 먹감나무 잎이 알록달록 치장할 때 수줍은 듯 발개진 감을 따서 항아리에 담고 따뜻한 소금물을 부었다. 아랫목에 이불로 덮어 놓고 이틀 정도 지나면 감 얼굴에 작은 실금이 생겨 달콤하게 우려졌다.

  땡감에 소주를 발라서 하루만 비닐에 싸놓아도 감이 우려지지만, 소주가 귀한 그땐 생각할 수도 없는 일이었다. 우려낸 감은 산골 마을에서 유일하게 먹을 수 있는 과일이었다. 찬물로 씻어 소쿠리에 건져 놓고 추석날까지 기다려야 했는데, 감 소쿠리로 연신 눈길을 보내며 침을 삼켰다. 눈으로만 먹어야 했을 때 왜 더 진한 침이 돌았는지 모르겠다.

  감에 얽힌 풍경만 있을까. 모시잎송편도 있었다. 어머니와 큰언니는 밭둑에서 모시잎을 따왔고 절구통에다 불린 쌀을 넣고 절굿공이로 공들여 찧어 가루를 준비했다. 잘 빻아진 가루에 삶은 모시잎을 넣고 힘든 절구질을 한 번 더 거쳤다. 마지막 과정으로 어른, 아이 다 함께 송편을 빚을 때면 빠지지 않는 이야기가 양념으로 추가되었다.

  "송편을 이쁘게 맹글먼 시집 가꼬 이쁜 애기를 낳는 대여."

  아이들은 그 말이 품고 있는 예쁘지 않은 쪽의 미래로 미끄러지지 않으려고 조막손으로 꼼지락거리며 입 모양까지 비틀면서 제법 진지하게 송편을 빚었다.

　송편을 빚기 시작하면 남자들도 해야 할 일이 있었다. 솔잎을 준비하는 일이었다.

　"나매(남자)들은 뒷산으로 가서 솔가지 잎사구를 따다 주어야 것어라우."

　일은 솔잎을 따오는 것으로 끝나지 않았다. 솔잎을 피워 올린 잎끝 갈색 부분을 제거하는 일이 남아있었다. 갈색 끝부분을 제거하다 보면 송진 때문에 손이 끈적해졌다. 힘이 드는 일이라기보다는 불편한 일이었다.

　손질된 솔잎을 한 켜 깔고 송편을 얹는 반복을 거듭하여 가마솥 가득 층층으로 송편을 안치고 아궁이에 불을 지피면 하얀 김과 함께 솔잎 향이 새어 나왔다. 송편 냄새는 솔잎 향이었다고 해야 할 것 같다. 그 냄새를 맡으면 진한 침이 또 흘렀다.

　해가 천천히 산 너머로 몸을 숨기고 시나브로 어스름이 깔리면 초가집 창호지 문에 정겨운 호롱불 빛이 밝혀졌다. 정읍장에 다녀온 보자기 속에서 색동, 노랑, 빨강 천들을 펴 놓던 어머니는 천을 보듬고 팔짝팔짝 뛰는 아이들을 보며 웃으셨다.

　"성들은 노랜색 저구리에다 뺄건 치매고, 우리 막내딸 것은 깐치동(색동) 저구리랑 뺄건 치매거만."

"얼매나 있으면 맹글어지는 것이여? 후딱 입었으면 좋겄는디."

"낮이는 음석을 맹글고 저녁이되야 맹글은 게 한 이틀은 걸리겄그만."

"이틀이 뭣이대여?"

"두 밤이란 말이여."

언니가 손가락 두 개를 보였다. 천을 펼쳐놓고 입던 헌 옷을 대고 본을 떠서 자른 뒤 희미한 호롱불 아래에서 바느질하시던 어머니의 무릎 위에 누워 잠이 들었다. 두 밤이 빨리 지나길 바라면서….

추석날 마을은 찬란한 색으로 가득했다. 알록달록 옷을 입고 모이면 아이들은 신난 모습으로 웃음꽃을 피웠다.

"야들아! 팔월 매똥(묘지)으로 가자."

해마다 그랬듯이 온 동네 크고 작은 아이들은 모두 뒷산으로 올라갔다. 나랑 사촌 동생 보순이는 너무 어려서 언니들이 업고 갔다.

제일 먼저 했던 놀이는 살쾡이 놀이였다. 제일 큰 아이가 살쾡이가 되고 두 번째 큰아이는 어미닭을 맡았다. 나머지는 어미닭 뒤에 줄줄이 매달려 살쾡이에게 잡히지 않으려고 뱅뱅 돌다 보면 인조 베로 만든 옷이라 허름했는지 치맛말기에서 옷자락이 다 해져 나왔다.

"아이고 집에 가면 어매헌티 혼난디 어쩐대여."

몇몇 아이는 망가진 옷자락을 붙들고 울기도 했다.

"우지 말어. 느네 어매가 새 칠로 꾸매 줄 것이거만. 후딱 와서 놀기나 혀."

다른 아이들보다 일찍 철이 든 큰집 순애 언니가 나섰다.

"야들아. 치매가 자꼬 찢어진게로 살가지 살이는 고만 허고 수건돌리기를 허게."

나랑 보순이를 가운데 앉혀놓고 열댓 명이 동그랗게 둘러앉아 한 사람이 수건을 가지고 돌 때면 모두 목청껏 노래를 불렀다.

"돌아간다, 도리 깍쟁이. 돌아간다, 도리 깍쟁이~"

노랫말이 뚜렷하진 않지만, 같은 구절을 연달아 부르는

소리는 산울림이 되어 날아갔다. 그렇게 온몸이 땀에 젖고 얼굴이 벌겋게 달아올라 신나게 놀 때는 온 마을에 소동이 날 줄을 아무도 알지 못했다.

갑자기 벌어진 일이었다. 땅벌이 떼로 나와 수건 돌리는 자리로 달려들었다. 저고리를 벗어 벌을 쫓는 일은 불 속에 휘발유를 붓는 격이 됐다. 색색으로 훌렁거리며 울고불고 마을을 향해 달리자 벌들은 더욱 흥분해서 아이들을 뒤쫓으며 사정없이 쏘아댔다.

아이들의 비명을 듣고 벌을 쫓아주러 나온 어른들까지 벌에 쏘였다. 얼굴들이 볼 만했다. 온 마을이 울음바다가 되고 모두 퉁퉁 부었다. 자기들만 정신없이 도망가느라 버리고 간 보순이와 나는 묘지 바닥에 엎드려 울고 있었다. 벌도 우리를 버리고 가서 다행히 한 군데도 쏘이지 않았다. 마을에서 우리 둘만 얼굴이 붓지 않았다.

며칠 후 마을 윤자 언니가 벌 쏘인 날의 이야기를 했다.

"수건돌리기 허다가 치매(치마)에 흙이 안 묻게 깔고 앉으라고 매통 옆에로 가서 넓적한 독자갈(돌)을 하나 떠 들었는디 벌들이 오물오물 허더라고. 가만히 독자갈을 들고 옹게로 벌들이 잘 몰르더라고. 진짜로 그때는 벌이 안 나왔당게. 근디 윤덕이 쟈가 소매[7]를 보는디 해필이면 꼭 거그

---

7) 소변, 오줌을 일컫는 전라도 말.

다 봤능가비어. 소매가 얼마나 뜨겄으면 벌새끼들이 그로코롬 많이 나왔겄어."

"야! 야! 그먼 벌 있응게 거그로는 가지 마르라고 후딱 말 힜어야지. 그러고 봉게 니가 첨부터 잘못혔거만."

서로 옥신각신할 때 마을 담벼락에서 큼직한 몸집의 호박이 포근하게 웃고 있었다.

적요가 스며들고 있는 마을을 둘러보는 사이에 살며시 떠오른 팔월 묘지의 추억은 바람에 흔들리는 은빛 억새처럼 마음을 간질인다. 사람과 자연이 어우러져 만들어냈던 그리운 장면이 한 편의 시가 되어 내 마음에 새겨져 있다가 떠오른 것인데, 아득한 뭔가가 눈밭을 걸어 멀어진다.

제 **2** 부

닫힌 시간, 열린 시간

참새와 통밀 쑥개떡

　마을 곳곳에서 열매들이 익어가고 벼들이 노란 낯빛이 되어 매일 조금씩 고개를 숙이는 시절의 아침나절이 되면 아버지 잔소리에 등을 떠밀려 참새와 승산 없는 숨바꼭질을 하러 새막으로 나서야 했다.
　언니는 잔뜩 나온 입으로 투덜거리는 말을 새막으로 가는 길에 점점이 뿌려놓았고, 나는 투덜거림조차 뱉지 못하고 언니가 뿌려놓은 투덜거림 조각들과 작은 돌멩이들을 툭툭 차대며 강아지처럼 쫄쫄 뒤를 따랐다.
　손에는 새참 거리를 싼 무명 보자기가 들려 있었다. 뿌루퉁한 입은 들어갈 줄 몰랐고, 화풀이하느라 애먼 보따리만 흔들어 이쪽 하늘의 구름을 쳤다가 저쪽 하늘의 구름을 쳤다가 이쪽 산의 이마를 쳤다가 저쪽 산의 뒤통수를 쳤다.
　그렇게 사방 눈에 보이는 것들을 쳐대고, 발에 걸리는 것들을 차대며 노랗게 익어가는 논에 다다르니 새들이 먼저 와서 저네들의 몸무게가 실려 위아래로 낭창거리는 벼들 사이를 부지런히 오가며 배를 채우고 있었다.

"훠이 훠이 이 웬수놈의 참새들아! 어쩌자고 우리 논에서 먹고 있어. 빨리 저리 안 가."

아랫배를 두 손으로 잡고 허리를 뒤로 접으며 목청껏 소리를 질러도 도망은커녕 낟알을 먹는 사이사이 머리를 빳빳하게 들고 짹짹거리며 다른 친구들까지 불러들였다.

"겁 없는 참새 새끼들아, 계속 나락을 까먹을래? 가만히 안 둔다."

돌멩이를 던져보았지만, 들은 척도 하지 않았다. 참새도 우리가 어린 줄 알고 깐보는 것 같았다. "이 꼬맹이들아, 헛수고 말고 재미있게 놀기나 해라."하는 듯 밀짚모자를 씌운 허수아비 위에 앉아 노래까지 부르는 여유를 부렸다. 에라 모르겠다. 두 손을 들어버렸다.

　새 보는 것은 뒷전에 두고, 언니와 나는 주저앉아 돌 따먹기에 정신없이 빠져들었다. 동글동글한 작은 돌은 즐거운 놀잇감이었다. 참새 따윈 까맣게 잊고, 어디 쓸 수도 없는 돌멩이를 하나라도 더 내 것으로 만들려고 배에서 꼬르륵 소리가 나는 것도 몰랐다. 한참을 그렇게 노는 사이에 꼬르륵 소리가 무시할 수 없을 만큼 커졌다. 아 참! 아까 그 보자기에 먹을 것이 있었지.

　밀가루를 구경하기도 어려웠던 산골 동네에선 종종 통밀 쑥개떡을 만들어 먹었다. 통밀을 돌절구에 갈아 삶은 쑥을 버무려 가마솥에 나뭇가지를 걸치고 삼베 보자기를 깔아 쪄냈다. 사카린을 넣어 달짝지근한 맛은 어머니 젖맛만큼이나 좋았다. 지금의 쑥개떡은 쌀가루에 부드러운 쑥을 넣어 만들어서 입에 감치는 느낌이 보드레하지만, 그 시절의 까끌까끌하게 입안을 휘어잡던 맛은 어느 구석에서도 찾을 수 없다.

　쑥개떡에 빠졌다가 뭔가 달라졌다 싶어 잠시 살펴보니 참새들의 기척은 어디에도 없었고, 참새들에게 수난을 당하던 벼 사이로 어둑한 기운이 내려앉고 있었다. 그 기운을 알아채고 배도 채웠겠다, 일찌감치 제집으로 간 모양이었다. 하늘을 보니 해가 뉘엿뉘엿 서산을 넘어가고 있었다.

가을볕은 낮고 길게 드리워지니 해가 산을 넘자마자 금방 더 짙은 어둠을 몰고 올 텐데 큰일이었다. 호랑이나 여우, 귀신이 나타날 수도 있었다. 집에 갈 걱정을 하면서도 치맛자락에 가지고 놀던 돌멩이를 빠뜨리지 않고 주워 담고 뒤뚱거리며 다리야 날 살려라, 언니의 옷자락을 잡고서 마구 뛰었다.

집이 보였다. 굴뚝에선 저녁밥 짓는 연기가 붉은 하늘에 회백색 붓질로 길을 만들며 피어오르고, 꺼멍이는 꼬리를 흔들며 맞아주었다. 혹여라도 참새는 제대로 안 쫓고 돌치기만 한 것을 들킬까 싶어 뒤뜰 장독대 옆에 살그머니 숨겨 놓고 흙을 툴툴 털었다. 다음 날도 또 다음날도 우린 돌따먹기, 땅따먹기에 신명이 났고, 통밀 쑥개떡을 맛있게 먹었다.

새를 잘 보고 온 것처럼 위풍당당하게 돌아왔던 어느 날, 집으로 들어서려는데 어머니의 목소리가 담 밖으로 넘어왔다.

"애들이 노는데 정신이 팔렸는지 여태 안 오네요."

"어린 것들을 땡볕 아래 내보낸 것이 참 안쓰럽잖소. 뭐라 하지 맙시다."

아버지의 말이 뒤이어 담 밖으로 넘어왔다.

"새는 안 보고 놀기만 한 걸 눈치를 챘나 봐. 언니야, 우리 내일부터 새를 잘 보자 잉."
 언니와 나는 어머니와 아버지의 말소리가 넘어온 담 아래에서 집으로 들어서는 걸 잠시 멈추고 소곤거렸다.

세 자매와 젖꼭지때왈

 "애기야! 꼬사리 끊으러 갔다가 젖꼭지때왈 따왔응게 이 거 먹고 흔들흔들허는 이빨 빼게 일로 오니라. 잉~"
 하늘 선이 걸린 감투봉 아래 산자락을 헤매 돌며 늦고사리를 꺾으러 갔던 언니들이 돌아왔다. 한창때의 고사리보다 약간 가늘긴 했지만 제일 맛이 좋은 시기라 셋째 첩이 사랑을 독차지하려고 서방님께 대접했다는 이야기가 전해져온다.
 파란 칡덩굴 잎에 싸서 챙겨온 어머니 젖꼭지를 닮은 빨간 딸기에 눈이 휘둥그레졌다. 고사리 꺾을 즈음 익는 젖꼭지때왈(산딸기)은 먹어본 산딸기 중에 으뜸이었다. 눈과 함께 귀가 홀려 흔들리는 이를 빼기로 하고 산딸기를 준다는 말은 어느새 잊어버리고 맛있게 받아먹기는 했지만, 언니들이 두꺼운 무명실을 가지고 와서 입을 벌리라고 하자

겁에 질려 까무러쳤다.

안 그래도 몸이 약해 여섯 살이 되어 학교에 가기까지 집에서 불리던 이름이 '애기'였다. 맨날 아픈 치레만 하니 언제 죽을지 모른다고 이름을 짓지 않았다고 했다. 다행히 이를 뽑히는 일은 넘겼지만, 말할 때마다 흔들리는 모습을 들키지 않으려고 손으로 입을 가리고 다녔다.

며칠 후 수수부꾸미를 먹다 저절로 이가 빠졌는데, 빠진 이를 버리는 일에도 나름의 예법이 있었다.

"두 발을 벌리면 안 되야. 이빨이 뜸성뜸성 난 게로 발을 딱 붙이고 요로코롬 말을 히야혀. 까치야, 까치야 헌 이빨 주께 새 놈 이빨 주라고 험서 지붕 우에다 떤져야 혀."

언니들이 시키는 대로 흔들리던 이와 이별한 뒤에도 치러야 할 통과의례가 또 남아있었다. "이빨 빠진 도장구! 이빨 빠진 도장구!" 라는 동네 아이들의 놀림을 받아야 했다. 어느 아이나 겪어야 하는 과정이었다.

겨울이 긴 산골 마을이지만 계절은 어김없이 바뀌었고 아이에서 한 걸음씩 처녀의 자리로 옮겨가던 언니들은 점점 더 고운 것을 탐냈다. 마을 어귀로 방물장수 할머니가 나타날 때마다 동동구루무가 들어있는 보따리를 기웃거렸다. 그러나 어려운 살림살이 앞에서 고개를 절레절레 흔드는 어머니의 모습을 떠올리며 주저앉아야 했던 우리에겐 꿈일 뿐이었다.

유일한 희망은 고사리였다. 봄이면 산기슭을 헤매며 가녀린 고사리 줄기를 꺾었다. 손가락 끝이 갈색으로 물들고 춘삼월보다 열기가 오른 봄 햇살에 땀이 송골송골 맺혔다. 그렇게 모은 돈으로 언니들은 꿈에 그리던 동동구루무를 샀다.

"참말로 보들보들 허그먼. 야! 막내 너도 이리와 보그라. 발러주께."

동동구루무를 바를 때마다 세 자매는 서로 얼굴을 마주 보며 까르르 웃곤 했지만 해맑은 웃음 뒤에는 늘 코티분에 대한 동경이 남아있었다. 코티분을 바르면 지난번 이웃 마을에 분 바르고 연지 곤지 찍고 시집온 새색시처럼 예뻐질 것만 같았다. 그러던 어느 날이었다.

"우리덜 분꽃을 심어야겄어. 동네 댕김서 얻어다가 키워보는 거여."

세 자매는 마당 한 구석을 잘 고르고 꽃을 구해 심어 가꾸었다. 분홍과 노랑 빛깔의 작은 꽃망울들이 저녁이 되면 수줍은 듯 소곤소곤 피어났다. 익어가는 대로 씨를 모았다. 그렇게 모은 까만 별 알 같은 씨앗 껍질을 벗기고 살짝 문지르면 고운 분가루가 나왔다. 그 가루를 얼굴에 바르면 언니들 얼굴은 새색시 얼굴처럼 하얗고 예뻤다.

　진짜 코티분은 아니었지만, 세 자매는 행복했다. 분꽃 가루를 바르고 거울을 볼 때면 마음 한구석에서 알 수 없는 설렘이 피었다. 그때는 몰랐다. 시간이 많이 흐르면 좋은 것도 시간이 흐른 만큼 생겨나는 것이 이치여야 했는데, 시간이 아무리 많이 흘러도 그 소박한 순간들이 가장 곱고 아름다운 빛으로 남을 줄은 몰랐다.

　서둘러 심은 집은 모내기할 즈음에 감자를 먹을 수 있었다. 모내기 철에 빠질 수 없었던 최고의 반찬은 갈치에 감자를 넣고 조린 요리였다. 모를 내는 벌판에서 먹었던 그 요리는 밥도둑이었다. 지금은 슈퍼마켓에 가면 시절 없이 살 수 있는 감자지만, 그땐 채 자라지 않은 포기에 손을 넣어 탁구공 크기만큼 자란 감자를 캐서 먹었다.

　하지가 지나면 마을은 감자 풍년이 되고 껍질을 벗겨 사카린을 넣고 쪄 먹으면 그야말로 일미였다. 찐 감자를 댓 개씩 받던 어느 날, 셋째 언니가 손짓으로 불러 모았다.

　"우리덜 감자를 모태갖고 떡을 맹글어 먹으면 좋겄지?"

　"어떠코롬 떡이 된대여?"

　둘째 언니가 머리를 갸웃했다.

　"세 개씩 내놓아봐. 놋밥그럭에다 넣고 깨소금 방맹이로

찌면 떡이 된당게. 쨜깃쨜깃허니 얼매나 맛있능가 몰러. 저그 웃동네 마실 가서 봤당게."

"그먼 후딱 맹그러 보자고. 잉~"

떡이 만들어졌을 때 언니들은 큰 수저로 한 번에 많이 떠서 먹어버렸다. 내 수저는 아직 작았고 같은 횟수를 떠도 양이 적게 담길 수밖에 없었다. 부지런히 숟가락을 놀렸는데도 조금밖에 먹지 못한 것이 억울해 두 다리를 비벼 가며 울었다. 그 일이 있고 나서 세 자매는 추렴하는 것을 익혔다.

우물 안 개구리처럼 살아가던 세 자매는 왜 그리 할 일이 많았던지 종일 달음질했다. 청보리가 익어갈 때면 여기저기서 삭정이를 구해다가 불을 지펴 아직 설익은 보리를 구워 먹었다. 꺼멓게 구운 보리 모가지를 두 손바닥으로 비벼서 푸 푸 입바람질을 하면 새파란 보리알이 어찌나 맛있었던지. 어른들 몰래 이른 보리타작을 한 것을 얼굴 곳곳에 묻은 숯검정 때문에 들켜 지청구를 듣기 일쑤였다.

"야들아. 우덜이 참말로 멍청 허그먼. 냇깔에서 낯을 씻고 올 것인디. 인자부터는 꼭 깨깟이 씻고 와야것어."

둘째 언니가 소리 낮춰 말하는데 그제야 서로 얼굴을 쳐다보며 낄낄 웃었다.

    1960년대 산동네에 가설극장이 들어왔다. 마을은 온종일 들썩였다. 먼지 폴폴 날리는 공터 한쪽에 나무 기둥을 세우고 커다란 천막이 쳐지면 평소에는 아이들이 먼지를 일으키며 놀던 공터가 어느새 신기한 마법의 공간이 되었다. 세상에서 가장 멋진 극장이었다.

    언니들은 내가 집에서 제일 귀여움을 받는 걸 잘 알았다. 나는 엄마의 치맛자락을 잡고 물었다.

    "어매! 오늘, 오늘 한 번만. 성들이랑 활동사진 보면 안 되겄어?"

    간절한 눈빛에 한숨을 쉬며 허락해 주었다. 해가 지고 어둠에 잠길 즈음, 가설극장은 하나둘씩 모여드는 사람들로 북적였다. 아이들은 제일 앞줄에 앉으려고 서로 밀치기도 했다. 영사기가 낡았는지 도중에 여러 번 끊겼다 이어지는 일이 발생했다. 한창 몰입해서 보고 있다가 필름이 끊기면 사방에서 원성이 빗발쳤다.

"돈 내주어! 돈 내주라고!"

영사기가 다시 돌아가면 원성은 빠르게 잦아들었다. 모두 다시 침을 삼키며 영화 속으로 돌아가고 여주인공이 눈물을 흘리면 함께 울고, 악당이 나타나면 소리를 질렀다.

"저놈 잡어야혀!"

주인공이 악당의 음모와 공격을 피해 위기를 넘기면 모두 손뼉을 쳤다. 집에 돌아오는 길에 언니들은 여주인공의 대사를 흉내 내며 흥얼거렸다.

그런 일들이 있었다. 저녁이면 피어나던 분꽃 향기가 우리 세 자매에겐 꿈이었고 기다림이었다. 계절이 저 혼자 내달려도 잊히지 않는 애틋한 기억이었는데 지금 세 자매는 두둑이 높아지고 고랑이 깊어지고 이랑도 많아진 주름자락에 앉아서 먼 하늘을 바라보고 있다.

산딸기 따던 시절, 동동구루무와 코티분을 갈망하던 시절, 분꽃씨로 분 바르던 시절, 하지감자 추렴했던 일, 청보리 타작, 가설극장에서 영화를 보던 일들이 어느새 저 멀리에 있다.

추령천의 두 목소리

"보순아, 너 머리 보였응게 나와. 하나둘 셋."
"영순아, 너도 찾았응게 얼릉 나와. 하나둘 셋."
 기억 저편에서 볏가리 사이를 들락거리며 숨바꼭질하는 아이들이 보인다. 산내면사무소가 있는 능교리 쪽에서 종석산 쪽으로 건너가는 산내교 끝에 서서 추령천이라는 이름이 낯설어진 물길과 주변을 바라보는 사이에 떠오른 풍경이다.
 천진난만한 영혼들이 어우러져 화선지에 여러 색 수채화로 펼쳐졌던 풍경이 금세 흐릿해진다. 너무 많이 변했다. 다리 아래, 지금은 강변이 된 곳에서 참혹한 일이 있었다. 동족상잔의 전쟁을 치렀고, 그 아픈 내력이 만든 잔혹한 사건이 저곳에서 벌어졌다. 상처를 품은 자리에서 더는 살 수 없어서 추령천 옆에 자리했던 마을은 잡풀 무성한 강변으로 변해버렸다.

  눈길을 들어 조금 더 먼 곳으로 향한다. 우리 집이 있던 자리를 붉은색 지붕을 가진 창고가 차지하고 있다. 밥을 먹고 잠을 자던 자리에 들어선 창고와 붉은색이 옛집의 풍경과 시간을 누르고 있다. 그 자리를, 사라진 마을을 덮은 풀들이 덮고 있다면 느낌이 다를까. 지나간 시간이 다른 옷을 입고 다가올까. 그러지는 않겠지.

  더 멀리 시선을 보내자 구절초터널이 보인다. 터널을 지나면 정읍 구절초지방정원에 닿을 수 있지만 시간의 길을 따라가면 다시 산내교 쪽으로 돌아온다. 산을 끼고 돌며 쉬지 않고 흐르던 모습을 잃은 추령천. 물이 적은 계절이어서 호수에 가득 찼던 물이 빠져나간 자리에 누렇게 드러누운 단색의 마른 풀이 을씨년스럽다. 그 모습을 뒤로 하고 다시 걷기 시작한다.

  60여 년 전 열 살 무렵, 깊은 산골을 따라 흐르는 추령천 옆의 마을에 살고 있었다. 산과 들이 온통 푸르렀던 마을 주변은 고요하고 평화로웠다. 마을을 둘러싼 어름봉, 부치봉, 종석산은 계절마다 제각기 다른 색으로 변하며 포근한 품으로 안아 주었고 흐르는 추령천은 마을의 생명줄이었다.

  아버지가 일찍 집을 나가서서 큰아버지를 많이 의지했다. 아버지의 빈자리를 느끼지 않았던 것도 친자식처럼 돌

봐주신 큰아버지 덕분이었다. 과묵하고 무뚝뚝한 분이었지만 따뜻한 마음과 깊은 사랑이 가득했다.

"인숙아, 괴기 잡으러 가게 얼릉 나오니라."

큰아버지랑 자주 추령천으로 나가 낚시를 했다. 작은 낚싯대를 드리워 놓고 함께 강가에 앉아 입질이 오기를 기다리는 시간이 지루하기도 했지만 참 좋았다. 햇살이 강물 위에서 반짝이며 춤을 추었고, 물소리는 대화에 깔리는 잔잔한 배경음악으로 흘러갔다. 내 낚시에 고기가 먼저 물면 큰아버지는 웃으시며 말씀하셨다.

"초짜는 수덕手德이 좋은 벱이여."

붕어를 잡는 일은 특별한 연결고리였다. 내가 낚시로 잡은 붕어를 자랑스럽게 내밀면 늘 환하게 웃으며 칭찬을 아끼지 않으셨다. 잡지 못한 날에는 일부러 붕어를 내 몫처럼 챙겨 주시던 모습이 환하게 흘러간다.

큰어머니는 감자와 개떡을 낚시터까지 가져다주셨다. 돌아오는 길에 추령천 자갈밭에 잠시 앉아 강물에 발을 담그고 개떡을 한 입 베어 물면 고소하고 쫄깃한 맛이 기가 막혔다. 발끝에 닿은 물의 차가움은 낚시하느라 조마조마했던 긴장감을 씻어주었다. 보름달처럼 환하고 행복했던 순간이었다.

고기 잡는 방법은 또 있었다. 큰비가 내려 강물이 불어나면 그랭이질로 고기를 잡았다. 대나무를 불에 구워 반원을 만들어 모기장을 씌우고 긴 막대기를 묶어서 물풀이 우거진 곳에 던졌다가 잡아당기면 빠가사리나 메기가 잡혔다. 나는 양철로 된 바케스를 들고 따라다니며 그랭이에 끌려온 고기를 주워 담았다. 속이 비치지 않아 깊이와 굴곡이 가늠되지 않는 흙탕물이 무섭기도 했지만 무서움을 넘는 재미가 있었다.

강가에서의 추억 외에도 또 다른 즐거움이 집 앞마당에 있었다. 큰집은 창호지로 문을 바를 때 손바닥만 한 유리조각을 붙여넣어서 밖을 볼 수 있게 했다. 우리집 문은 유리가 없어서 바깥을 보고 싶을 땐 손가락에 침을 묻혀 구멍을 뚫곤 했는데 문에 바람길을 냈다고 야단맞을 때마다 유리 붙인 집이 얼마나 부러웠는지.

구멍을 내거나 유리로 내다보는 것이 꼭 필요한 일이 있었다. 커다란 바구니를 괸 막대기에 새끼줄을 묶어 참새를 잡는 일이 어린 나에게 신나는 놀이였는데, 유리로 밖을 내다보다가 참새가 모이를 쪼아먹는 순간 재빠르게 줄을 당겼다. 참새를 잡았을 때 불쌍한 마음도 있었지만, 그때는 그것이 일상이었다. 명절이나 되어야 고기를 구경하던 시절이어서 참새를 구워 먹는 것은 최고의 기쁨이었다.

세월이 한참 흐른 뒤 동네 사람들한테 우연히 큰아버지의 사연을 들었다. 6·25 전쟁 때 큰아버지는 국군의 보급대원으로 가셨는데, 고향을 떠나지 않고 큰아버지를 기다리던 큰어머니와 아들딸 모두가 빨치산에게 희생당했다. 추령천의 물길이 멈춰버린 것 같은 아픔이었다. 큰아버지의 삶에 드리운 그늘은 너무나 어두웠다.

전쟁이 끝난 뒤 피난 온 처자와 새로운 가정을 꾸렸지만, 행복하지 못했다. 먼저 간 가족을 잊지 못하셨다. 큰아버지의 삶을 생각할 때마다 나를 아끼며 웃어주시던 얼굴이 떠오른다. 그런데 이상하게도 한 번의 예외도 없이 슬픈 웃음으로만 떠오른다.

"인숙아, 너는 애비가 여피 없어도 착허고 영리헌게 이쁘그먼."

큰아버지는 삶의 무게를 이겨내기 위해 묵묵히 일만 하셨다. 젊은 시절 동양척식회사에 다닐 때 익힌 기술로 대목수가 되어 여기저기 불려 다니며 집을 지었다. 여러 마을에 소문이 날 정도로 솜씨가 좋았다.

큰아버지는 종종 약주에 취해서 슬픔을 달래셨다. 늦은 밤 사촌 동생과 함께 오시는 길목에 나가 기다리고 있으면, 취기에 휘청거리며 외롭게 걸어오시고는 했다. 그런데 어느 날은 이상했다. 큰아버지가 오시는 쪽에서 남자와 여자 목소리가 번갈아 들렸다.

"긍게로 젊은 각시랑 새끼들이랑 지지고 보끄고 산게 존게비여."

분명히 여자의 목소리였다.

"그먼 나보고 어쩌라고 그러는 거여."

남자 목소리, 지친 큰아버지 음성이었다. 큰어머니의 혼이 떠나지 못하고 곁에 머물러 있었던 걸까.

산내교를 늦은 오후의 햇살이 큰아버지처럼 천천히 등을 보이며 건너가고 있다. 추령천에 햇살의 등이 비친다. 추령천은 많이 달라졌지만, 물은 여전히 흐르고 있다. 붕어를 낚던 작은 여자아이와 큰아버지가 보인다. 둘은 환하게 웃고 있다.

토란꽃과 닫힌 문

 떠났다. 야속하게 가버렸다. 여름 내내 이슬을 먹으며 청정함을 간직한 모습으로 곁에 머물러주었는데, 보굿[8] 안에 짠한 흔적만 남겼다.
 "먼 훗날, 녹음 속에서 돋우던 목청으로 다시 만나게 되면 여름의 추억을 서로 기억하자꾸나."
 더는 들을 수 없을지도 모르는 인사말로 여름과 함께 떠난 매미를 추억하며 풀빛이 가을빛을 향해 달라진 길을 걸어 비닐하우스로 향했다. 곁에 머물렀던 작은 존재의 빈자리가 만든 울적한 마음을 다독이며 비닐하우스로 들어가는데 병순 아줌마의 전화 소리가 고요했던 아침에 실금을 만들었다.

---

8) 굵은 나무줄기에 비늘 모양으로 덮여 있는 겉껍질.

"사장님! 우리 밭에 토란꽃이 피었네요."

열 살쯤 되었을 때였을까? 토란꽃을 삶아 먹으면 아이를 낳을 수 있다는 동네 어른들의 말에 귀가 쫑긋해졌다.
"할매! 그거 어디에 있대요? 어떻게 생겼어요?"
동네 할머니 치맛자락을 붙잡고 늘어졌다.
"어린아가 별걸 다 묻네. 나도 안 봐서 모른당게."
언니랑 우리 마을에서 이웃 마을까지 토란밭을 빠짐없이 기웃거리고 다녔지만, 토란꽃은 눈에 띄지 않았다. 그러던 어느 날 눈이 휘둥그레질 정도의 널따란 토란밭이 나타났다. 토란꽃이 만발해 있었다. 삼태기에 가득 담아 집으로 내달렸다.
"어매, 어매! 토란꽃 따왔응게 빨리 먹어."
동네 고샅에서부터 어머니를 불러대며 달리는 중이었는데 숨차게 달리는 사이를 비집고 흔들어 깨우는 어머니의 목소리가 어슴푸레 들렸다.
"그만 일어나 밥 먹어야지. 뭣이 좋아서 실실 웃는 대여."

동생이 있는 친구들이 제일 부러웠다. 아기와 놀고 싶어서 고구마를 주면서 사정사정했다. 친구가 놀이에 빠져있을 때면, 무릎으로 땅을 기고 있는 아기를 얼른 업었다. 키가 작아, 등에 업힌 아기의 발이 대롱대롱 땅에 닿았다. 갑자기 아기가 쉬를 하면 등이 뜨뜻했고, 콧물은 또 왜 그렇게 많이 흘러나왔는지 등에 아기가 코를 문질러댄 자리는 덮인 눈을 쓸어낸 얼음장처럼 반질반질해져 볼 만했다.

그런 날은 집에 가면 영락없이 꾸중을 들었다. 그러면 땅바닥에 주저앉아 발을 비벼대며 "그러니까 장에 가서 동생 하나만 사다 줘!"라고 되레 악다구니를 썼다.

스물여덟에 날 낳으신 어머니, 딸 넷을 낳고 죄인 아닌 죄인이 되어 숨죽이던 어느 날, 배가 아프다는 어머니에게 아버지는 앵쑥갓 달인 물을 주었다. 만병통치약으로 쓰이던 그 약을 먹고 아기집 문은 영영 닫히고 말았다. 참으로 무지한 처방이었다.

산비둘기 서럽게 울어대던 날, "이러다가 족보 문 닫겠네……"라는 말마투리를 끝으로 아버지의 목소리는 집 안에서 더 이상 들리지 않았다.

그런 사연을 속속들이 알고 있기라도 한 듯 병순 아줌마 밭의 토란꽃들이 서로 어우러져 노랗게 손짓했다. 토란꽃은 개화기가 짧아서 꽃잎을 열자마자 이내 닫는다. 서둘러 사진을 찍고 찬찬히 확대해 보았다. 참으로 신비롭다. 활짝 피어난 모습이 어쩜 여인네의 은밀한 그곳과 똑 닮았고,

시들기 시작한 꽃의 형태는 남정네의 거시기를 닮았다.

닮은 것들은 닮은 성질을 가졌으리라는 생각은 인간이 사는 모든 지역에 공통으로 존재했고, 시대가 달라져도 굳건히 이어져 왔다. 그런 이유에서 토란꽃의 효능에 대한 믿음이 생겨났을 텐데, 토란꽃을 찾아 헤맨 어린 시절에는 그런 연유가 있는 줄을 미처 몰랐다.

자연의 존재들이 죄다 닮기는 했지만, 식물과 동물의 경계를 무색하게 하는 닮음이 있는 걸 보면 생명의 이치는 하나라는 생각을 굳힐 수밖에 없다.

어린 시절 토란꽃을 함께 찾으러 다녔던 성남 언니에게서 전화가 왔다. 찾으러 다닐 때는 그토록 찾기 어려웠던 토란꽃을 보았다고 알려주었다.

"정말? 와! 어머니 주려고 그렇게 헤맸어도 안 보이던 토란꽃을? 사진 좀 빨리 보내봐."

그리고는 뜻밖의 이야기를 시작했다.

"지나간 일이지만 너는 모르는 게 있어. 어머니가 배 아팠을 때 아이를 가졌었대. 또 딸일까 봐 앵쑥갓물을 어쩔 수 없이 마셨대."

그때는 너무 어려서 생기지도 않을 동생 타령을 지치지도 않고 했다. 억지 타령을 듣는 어머니의 심정은 어땠을까. 어머니, 어머니….

고등학생이 되고 처음으로 애증과 긴 시간 응고되어버린 원망까지 몽땅 싸서 들고 아버지가 사는 집에 갔다. 올망졸망 여섯이나 되는 남동생들은 처음 보는 나를 누님 누님 하면서 따랐다. 마을 사람들에게 "우리 고등학상 딸이요." 자랑하던 아버지는 늦은 저녁 약주에 기대어 내 손을 잡고 한없이 우셨다. 같이 살지 못해 미안하다고.

어릴 적 찾아다녔던 토란꽃 사연을 이야기하다가 참았던 눈물이 터져버렸다. 눈물 속에는 미움과 안타까움과 사랑이 들어 있었다. 온전히 미워할 수 없는 일들을 많이도 만들어낸 세상이 있었고, 그런 시절이 있었다. 이것 가리고 저것 가려 따로따로 울음을 조절할 수 있는 일들이 아니었다.

아들이 대체 뭐라고 어린 딸자식들 능소화꽃처럼 줄줄이

피워놓고 그렇게 떠나셨는지. 토란꽃 진 자리에서 오랜 시간 동안 쌓이고 쌓였던 돌무더기가 무너지고 있었다. 회색빛 얼룩도 지워지고 있었다.

제비꽃과 어머니의 웃음

 길을 나섰다. 담벼락 옆에 세워진 차. 차창을 열고 담배 연기를 길게 뿜어대는 남자가 있었다. 하늘을 바라보는 그의 시선이 쓸쓸해 보였다. 그의 차 안에서 큰소리로 흘러나오는 나훈아의 〈테스형〉.

 "울 아버지 산소에 제비꽃이 피었다. 들국화도 수줍어 샛노랗게 웃는다. 그저 피는 꽃들이 예쁘기는 하여도 자주 오지 못하는 날 꾸짖는 것만 같다. 아~ 테스형, 쏘크라테스형."

 제비꽃…. 노래에 담긴 제비꽃이 걸음을 멈춰 세웠다. 멀리 있는 풍경이 까무룩 허전해졌다. 제비꽃이 우북수북 자란 어머니 산소가 문득 눈앞에 다가섰다.

 "우리 막내딸 탁여서(닮아서) 키는 쩍어도 순탄허게 잘 큰 게 참 이쁘당게"

 유난히 좋아하신 걸 알고 묘지까지 따라갔을까. 꽃자리를 이루고 있는 제비꽃이 자주 오지 않았다고 서운해하는 것 같았다. 아파서 잊고 있었고, 가파른 그 산을 오를 수 없어서 못 왔다고 얼버무리는 나를 물끄러미 바라보셨다. 마음이 시려왔다.
 어머니 추모일 일주일 전쯤 농장 식구들과 함께 산소에 갔다. 구슬땀을 흘리며 가집사는 예초기를 돌리고, 병순 씨와 경자 씨는 잘린 풀을 긁어내고, 나는 '집사 이공순의 묘'라고 적힌 글자 사이를 닦아냈다. 이런저런 회한이 밀려왔다. 도와주러 온 이들과 함께 묘가에 서 있는 소나무 그늘에서 빵과 음료를 먹고 마시는 사이에도 그리움이 드리워졌다. 늦은 꽃들이 듬성듬성 앉아서 빙긋이 웃고 있었다.

"꽃이 찍간혀도 보랜색이 참 이뻐 잉~. 근디, 제비는 꺼먼 색인디 어째 제비꽃이라고 혔는지 몰러."

"옛날 어른들은 오랑캐꽃이라고 허던디, 뭣땜시 요렇게 이쁜 꽃헌티 오랑캐라고 이름을 붙였나 몰르겄어"

"긍게 말이여. 근디 이름이 또 있잖이여. 반지꽃이라고도 부르더만."

"우리 어머니는 씨름꽃이라 혔어."

옥신각신했다. 제비가 올 때쯤 꽃이 피니까 제비꽃, 꽃이 필 무렵 북방 오랑캐가 자주 쳐들어와서 오랑캐꽃, 아이들이 꽃으로 반지를 만들며 놀았다고 해서 반지꽃이 되었고, 꽃송이를 서로 걸어 꽃싸움을 했다 해서 씨름꽃이란 이름이 붙여졌다고 말했다. 귀를 세우며 듣던 사람들은 머리를 주억거렸다.

"쬐깐 것이 이름도 겁나게 많네"

"아! 저그 좀 봐. 제비꽃 있는디는 개미가 옥시글 대는디 왜 그런데여?"

먼 쪽 제비꽃밭에 보슬보슬한 흙을 밖으로 파내며 개미들의 역사가 한창이었다. 먼지같이 작은 하얀 먹이를 물고 들어가는 놈, 다시 물고 나오는 놈. 우리 눈길 따윈 아랑곳하지 않고 오가고 있었다. 부지런한 개미라는 말을 누가 했는지 몰라도 딱 맞는 표현이다.

동식물이 서로 돕고 사는 멋진 본보기를 보여주는 제비꽃과 개미. 그들이 친할 수밖에 없는 이유가 있다고 한다. 익은 씨앗을 수 미터까지 튕기는 제비꽃 종자 끝에는 영양 덩어리가 엉겨붙어 있는데, 개미가 재빨리 물고가서 새끼에게 먹인 뒤에 다 따먹고 나면 물고 나와서 아무 곳에나 버린다. 거기서 새싹이 나와 터를 늘린다. 정말 신기한 공생관계다.

"이것 좀 봐. 우리 어려서 까끔살이[9] 할 때 '쌀밥 먹을래 보리밥 먹을래' 하고 놀았잖이여."

병순댁은 열매가 달린 줄기를 뽑아 손가락으로 빙빙 돌렸다. 제비꽃 줄기가 도는 길을 따라 까끔살이를 하던 시절로 돌아갔다.

아이들은 깨진 사기그릇 조각을 주워다가 돌멩이 위에 솥을 걸었고 그릇도 만들었다. 풀잎을 짓이겨 반찬을 준비하고 밥은 당연히 제비꽃 씨앗이었다. 덜 영근 하얀 씨는 쌀밥이었고 세 쪽으로 갈라져 익은 누런 씨는 보리밥이었다.

아이들은 엄마, 아빠 그리고 애기의 배역을 정하고 엄마가 된 아이는 식사 준비가 됐다고 손나팔을 불었다.

"야들아! 얼릉 와서 밥 먹고 공부도 좀 히야지~"

---

9) '소꿉놀이'의 전라북도 말.

아이들은 냠냠거리며 제비꽃 씨앗으로 차려진 쌀밥 보리밥을 배부르게 먹었다.
 까끔살이 풍경이 어느덧 사라지고, 제비꽃이 가리키는 방향의 구름이 자그마한 형상을 만드는 것이 보였다. 어머니가 예뻐하시던 제비꽃 형상. 하늘을 흘러가는 보라색 꽃에서 어머니의 인자한 웃음이 폴폴 새어 나오고 있었다.

어머니와 다슬기

　어머니는 다슬기를 유독 좋아하셨다. 다슬기국을 드시면 속이 편안해지신다고 하셨다.
　속이 불편하실 때면 가끔 소다를 드시기도 했는데 지금처럼 약국이 흔하지 않던 시절이어서 몸을 급히 다독거려야 하는 일이 벌어지면 자연에서 약을 찾거나 변변치 않은 것으로 해결할 수밖에 없었다. 산속 마을에서는 체하거나 소화가 안 될 때 꾸지뽕나무 가시로 손톱 끝을 따거나 소다를 약으로 삼키곤 했다.
　어머니 곁에는 언제나 하얀 약봉지가 있었다. 아버지가 집을 떠나신 뒤부터 속앓이가 깊어졌던 것 같지만, 어릴 때는 음식으로 인해 생긴 것 이상의 속앓이라는 것을 헤아리지 못했다. 그걸 헤아리게 된 것은 한참의 세월이 지난 후였다.

1998년 서울 생활을 정리하고 고향으로 내려왔다. 꽃농사를 지으며 흙냄새에 젖어 살면서, 어머니 옆에서 살고 싶었다. 그렇게 어머니와 함께 지내게 되면서 다시 만나게 된 음식이 다슬기국이었다.

어머니는 어쩌다 다슬기를 보시면 무척 좋아하셨다.

"아이고매, 아이고매. 참말로 만나겠네."

눈을 반짝이시며 성근 이를 가리고 어린아이처럼 좋아하셨다. 그런 모습이 어둑한 밤에 시냇가로 향하게 했다. 농장 일이 끝나고 밤이 되면 다슬기를 잡기 위해 추령천으로 향했다. 가슴 장화를 신고, 손에는 지금은 사라져 옛 물건을 모아 파는 골동품점에서나 만날 수 있는 촌스러운 모양의 후레쉬를 들고, 양파 자루 주둥이에 철사를 넣어 동그랗게 한 뒤 허리에 단단히 묶었다. 자루는 다슬기를 잡아 넣기에 안성맞춤이었다.

밤이 깊어지면 강물 위로 물안개가 떴다. 안갯속으로 들어가면 들어섰던 현실의 자리로 되돌아오지 못하고 어딘가를 떠돌 것 같은 느낌이 들어 가끔 두려운 마음이 생기기도 했지만, 어머니께 다슬기국을 드릴 생각을 하면 용기가 났다.

낮에는 물살이 흐르는 곳에서 돌을 뒤집어 가며 반들거리는 뺀질이 다슬기를 잡았지만, 밤에는 물살이 잔잔한 곳에서 말다슬기를 잡았다. 밤 9시 무렵이 되면 다슬기들이 깊은 잠에 빠지기 시작하는데, 늦을수록 더 깊이 잠들어 잡기가 쉬웠다.

후레쉬를 들고 조심스레 물속을 비추면 빛을 받은 다슬기들이 바위에 붙어있는 모습이 선명하게 보였다. 겨우겨우 움직이는 것처럼 보이지만 다슬기들은 아주 예민해서 주변의 변화를 귀신처럼 눈치챘다.

손이 물속으로 들어와 평소보다 조금만 더 물살이 흔들려도 자신을 잡으러 오는 것을 알아채고 재빠르게 굴러떨어져 바위 밑으로 숨었다. 피하는 방식이 다를 뿐 붕어, 피리 같은 작은 물짐승들과 하나도 다르지 않게 제 몸에 다가오는 위기에 신경을 곤두세우고 있었다.

양파 자루를 허리에 묶고 물속에서 손을 살며시 움직이면 다슬기들이 눈치채지 못했다. 손끝에 느껴지는 차가운 돌멩이와 그 위에 붙은 다슬기의 미끄러운 감촉이 익숙해질 즈음이면, 어느새 양파 자루는 다슬기로 무거워져 있었다.

다슬기를 잡는 김에 동사리를 함께 잡기도 했다. 밤이 깊어지면 물짐승들도 잠이 들게 마련인데 동사리는 더 곤하게 잠이 드는 것 같았다. 그런 동사리를 '불뭉치'라고, 때론 '멍청이고기'라고 불렀다. 자고 있을 때 뒤에서 손으로 눌러 잡고는 했는데, 그때까지 세상모르고 자다가 잡히곤 했다.

다슬기와 동사리 말고도 우렁이도 잡았다. 수는 적었으나 다슬기 사는 곳에 토종 우렁이도 살았다. 지금처럼 중국에서 들어온 우렁이가 논과 시냇가를 장악하기 전이었다. 중국에서 들어온 우렁이는 물풀 줄기나 물가 주변에 붉은색 알을 낳지만, 토종 우렁이는 다슬기처럼 물속에 자신과 닮은 새끼를 낳았다.

그렇게 다슬기잡이에서 멀리 벗어나지 않는 해찰을 즐기며 고요한 강에서 다슬기 잡기에 몰두한 날들이 자주 있었다. 그때마다 손끝에 닿는 물살의 감촉, 자다 놀란 작은 물짐승들이 별빛 사이로 달아나는 모습, 멀리서 들려오는 풀벌레 소리가 어우러져 밤의 평화를 이루는 걸 지켜보았다.

때때로 강가 풀숲 속에 숨어있던 황소개구리가 크엉크엉 소리를 내 놀라게 할 때도 있었다. 울음소리가 워낙 커서 간담이 서늘할 정도였지만, 그저 갑작스러운 방문자로 인해 놀라 도망가며 내는 소리일 뿐이었다.

제2부 ＿＿ 닫힌 시간, 열린 시간

그런 순간마다 잠시 일어서서 강물에 앉아 있는 달을 바라보았다. 달 속에는 토끼와 계수나무가 아닌 어머니의 얼굴이 들어 있었다. 어머니 얼굴을 들여다보고 있는 사이, 바위를 만지며 부드럽게 흐르는 강물의 노래가 귀에 맴돌다 갔다.

두 시간 정도 지나면 두 바가지 족히 되는 다슬기가 자루 속에 찼다. 허리를 펴고 하늘을 올려다보면 밤하늘엔 무수한 별들이 반짝였다. 집으로 돌아가는 길, 장화를 벗고 흙길을 걸으며 어머니께 드릴 따뜻한 다슬기국을 떠올렸다.

"아이고, 고상혔거먼. 근디 인자 고만 잡어도 되야. 니가 얼매나 고단 허겄어."

그렇게 말씀은 하셨지만, 새파란 국물을 마시며 다슬기 쌀죽을 맛있게도 드셨다.

"속이 참말로 편히여졌거먼. 대술이국 땜시 다 나슨 거 같히여."

그런 말씀을 들을 때마다 다슬기 잡는 건 고생이 아니라 행복이란걸 알았다.

다슬기 잡는 일의 고됨을 스러지게 만드는 것은 또 있었다. 물과의 교감이었다. 다슬기를 잡기 위해 가슴까지 오는 장화를 신고 천천히 물속에 몸을 담그면 차가운 촉감이 발끝부터 느껴지다가 어느새 익숙한 온기로 변했다. 바위 사이를 더듬으며 다슬기를 떼어 내던 손놀림은 날이 갈수록 능숙해졌고, 어느 때부터는 물결의 파장조차 만들지 않을 정도로 숙련이 됐다.

어느 밤에 큰언니가 동행했다.

"아이고, 나가 일 허는디는 동상을 이기 먹겄는디, 대수리(다슬기) 잡는 디는 따러가덜 못 허겄거먼. 동상이 대수리 잡는 디는 선수거먼 선수!"

찰랑거리는 물속에서 큰언니가 소리를 내며 웃었다.

처음부터 그랬을까. 처음엔 물속에서 손을 움직일 때마다 쪼로록 물소리를 내서 다슬기가 다 숨어버렸다. 바위를 훑는 손끝이 차가운 물속에서 느리게 움직였고 때론 미끄러워 놓쳐버리기도 했다.

다슬기잡이를 멀어지게 할 뻔했던 일도 있었다. 그날도 여느 때처럼 바위를 살피며 조심스레 손을 움직이는데 갑자기 팔뚝에 전해지는 감촉이 평소와 달랐다. 예상치 못한 부드러움을 느낀 순간 심장이 덜컥 내려앉았다. 머리를 들어보니, 왼쪽 팔뚝에 뱀이 얌전히 기대고 있었다.

"어머 어머."

정신을 차려야 한다고 마음속으로 소리를 질러 대며 몸을 일으키려 했지만, 균형을 잃고 뒤로 넘어지며 물속으로 엉덩방아를 찧었다. 손에 들었던 후레쉬도 물속으로 빠져 버렸다. 다행히 물은 깊지 않았지만, 접시 물에도 빠져 죽는다는 옛말이 머릿속을 오락가락했다. 숨을 고르고 손전등을 주워 들어보니 불빛은 꺼지지 않았고 뱀은 이미 놀라 도망가고 없었다.

한참을 멍하니 앉아 있다가, 문득 뱀의 촉감이 떠올랐다. 공포 속에서도 촉감만큼은 생생했다. 부드럽고 매끄러우면서도 차가운 감촉. 순간 클레오파트라가 뱀을 목에 두르고 있던 초상화를 떠올렸다. 그녀는 그 부드러움을 알고 있었을 것이다. 터무니없는 생각이었지만, 잠시나마 공포를 잊게 해주었다. 자리에 주저앉아 물속을 들여다보았다. 다슬기조차 놀라 몸을 숨기는 모습이 보였다. 동글동글 그려진 큰 파장이 차츰 지워지고 있었다.

집으로 돌아온 후 어머니에게는 이야기하지 않았다. 걱정을 끼쳐드리고 싶지 않았기 때문이었다. 이튿날 출근한 농장 아줌마들에게는 겪은 일을 이야기했다.

"아이고머니. 얼매나 놀랬대여. 클날 뻔 혔거먼."

"나 같트면 기절을 혔을 것이여."

"그리도 안 물려서 다행시럽네. 인자 가지 말어야여."

며칠 후 다슬기가 떨어져서 다시 추령천으로 가야 했다. 혹시라도 또 뱀을 마주칠까 두려워 발걸음은 무겁기만 했다. 물가에 발을 담그고 망설이다 어머니를 떠올리며 어느새 바위 사이를 더듬고 있었다.

  다슬기 잡기는 계속되었다. 공포도 자연의 경이로움에 대한 찬사도 함께였다. 뱀과 마주친 기억은 여전히 아찔했지만, 그날 이후 다시 뱀을 만나지는 않았다.

  어두운 밤에도 추령천 물속으로 들어서는 길로 눈을 감고도 내려설 수 있을 만큼 익숙해지고, 어느덧 다슬기를 잡는 일이 나무가 뿌리로 땅을 움켜쥐는 일이 되었다. 물속에서 들려오는 잔잔한 소리, 손끝에 느껴지는 바위의 감촉, 손바닥 위에서 꿈틀거리는 다슬기의 작은 움직임. 그 모든 것들이 한 편의 시처럼 마음속에 스며들었다.

  어머니의 위병도 나으셨다. 92세에 하늘나라에 가신 어머니는 언제나 성근 이를 가리고 웃으셨다.

  "내는 막내딸 쟈가 살렸당게~"

  사실은 어머니에게 지독한 불효녀였다. 나이 들어 치아가 불편해 보니 어머니의 성근 치아 모습이 퍼런 멍이 되어 다가왔다. 치아뿐이었을까. 딸들을 지켜내느라 보이는 곳 보이지 않는 곳 가리지 않고 성기어졌을 텐데 겨우 하나를 챙겼을 뿐이었다.

  추령천의 강물은 여전히 흐르고 있다. 다슬기들도 바위

를 오르락내리락하며 살고 있지만, 다슬기국을 끓일 일이 사라졌다.

꾸지뽕차와 어머니

동진강둑을 걷던 어느 날, 물까치들이 맑고 날카롭게 소리를 질렀다. 발걸음을 멈췄다. 소리가 난 곳은 강가에 듬성듬성 서 있는 나무들을 환삼덩굴이 그물을 덮어 놓은 듯 감싸고 있는 곳이었다.

물까치들이 덩굴 사이를 들락거리는데 어른어른 붉은색이 보였다. 색을 보면 나오는 입버릇으로 "꽃인가…"라는 말이 작게 흘러나왔지만, 꽃이 만개할 계절이 아니어서 덩굴 너머로 어른거리는 붉은색의 정체는 다시 궁금증 속으로 빠져들었다.

뭘까. 눈빛으로 더 가까이 다가가 보니 꽃이 아니라 꾸지뽕나무 열매였다. 가지마다 빼곡히 달린 잘 익은 열매들이 매력적인 붉은색과 달큰한 향기로 새들을 유혹하고 있었다. 우르르 날아들어 자리를 다투다가 몇 입 먹고 다시 날아오르는 모습은 가을이 미처 다 끝내지 못한 축제를 이어가고 있는 모습이었다.

꾸지뽕 열매 한 상자를 구했다. 씻어 물기를 없앤 뒤 건조기에서 70% 정도 말리니 꼬들꼬들했다. 납작하게 자르는 일은 쉽지 않았다. 살이 무른 열매를 조심조심하며 3시간을 자르다 보니 손바닥이 부르텄다.

팬의 온도와 시간은 꽃을 덖을 때의 공식에서 벗어나야 했다. 1단으로 10분간 익혀서 건져내고 부채질로 뜨거운 열기를 없앴다. 그 일을 세 번 반복하는 과정이 맛을 좌우하는 초벌 단계였다. 재벌은 팬을 2단으로 올리고 5분을 덖은 후에 식히는 과정을 세 번 반복하여 말렸다. 삼벌 단계에서는 2~3단으로 온도를 맞추고 1분쯤 타지 않게 덖자 진한 향을 뿜어냈다. 제일 중요한 향 올리는 과정이었다. 찜기에 면포를 깔고 1단 아래 온도로 3~5시간 잠재운 뒤 팬의 뚜껑을 덮고 김 서림이 없을 때까지 닦아주니 수분 날리기가 끝났다.

구증구포의 차가 완성됐다. 오랜 시간이 걸리는 일이라 어깨와 팔이 무척 아팠다. 팔목을 몇 군데 대어 상처를 입기도 했지만, 뿌듯함이 더 커서 아픔은 말끔히 사라졌다. 그런 과정을 거치며 차를 덖는 일이 자신을 담금질하는 일이라는 것을 확인했다. 꽃, 잎, 열매 모두 뜨거운 고통을 겪고 값진 차로 새롭게 태어나는 걸 보면 우리의 삶과 닮았다.

꾸지뽕나무 열매차를 만들다 보니 어린 시절의 기억이 곁에 다가와 앉았다. 번져오는 은은한 향기 속에서 어머니의 모습이 새록새록 떠올랐다. 홀로 어린 딸들을 건사하며 한 집안을 책임지셨던 분. 봄누에 가을누에를 키우며 모든 일을 어깨에 짊어지고 사셨던 어머니.

어머니는 돈을 아끼기 위해 누에알을 직접 부화시켰다. 하얀 창호지에 누에고치를 놓고 얼개미나 채로 덮어 놓으면 누에고치 속에서 나방이 나왔다. 나방은 작은 날갯짓으로 기어다니며 창호지 여기저기에 알을 낳았다. 따뜻한 아랫목에 놓아두면 곰실곰실 까만 벌레들이 생겼다. 시렁 위 채반에 올려놓고 어린 뽕잎을 잘게 썰어 솔솔 뿌려주면 야금야금 잘도 갉아 먹었다. 까만 개미만 하던 것들의 덩치가 차츰 커질 때마다 자르는 뽕잎의 넓이도 커졌다.

뽕나무를 따로 재배하지 않았기 때문에 여기저기 헤매며 뽕잎을 구하는 일은 만만치 않았다. 어머니는 새벽부터 나서야 했다. 애기잠을 자고 넷째 잠 때까지는 그런대로 먹일 수 있었지만 막잠 때가 되면 엄청나게 먹어댔다. 잎을 통째로 주면 사각거리는 소리가 비 오는 소리처럼 들렸다.

눈 깜빡할 사이에 다 먹어 버리고 배고픈 듯 머리를 쳐들었다.

밥을 충분히 먹어야 누에고치가 튼실해서 등급을 잘 맞는다고 동분서주하시던 어머니는 할 수 없이 꾸지뽕잎도 따야 했다. 누에를 키울 때 대접받는 뽕나무가 부러워 '나도 뽕나무를 닮았잖아'라고 우겨대서 '굳이 뽕'이란 이름을 얻고 꾸지뽕이 되었다는 나무는 잎 크기는 작아도 몸이 단단해서 무게가 많이 나간다고 했다.

누에는 집을 지을 때가 되면 밥을 먹지 않고 머리를 이리저리 돌려댔다. 대나무 가지와 소나무 가지로 서둘러 섶을 만들고 지푸라기를 사이사이 넣어주었다. 속이 보일 듯 투명해진 녀석들을 골라 바가지에 담아 섶에다 부어주면 정신없이 이곳저곳으로 올라가 입에서 실을 뽑아 몸을 감싸며 집을 만들었다.

징그럽게 생긴 벌레가 만들어낸 작품은 신기하고 예뻤다. 누에는 만지지 못했어도 새하얀 누에고치를 따는 일은 좋아했다. 어느 집은 따뜻한 물에 누에고치를 넣고 물레를 돌려 비단실을 뽑았다. 실이 다 풀리면 번데기가 나왔다. 침을 삼키며 물레 앞에 나란히 앉은 우리에게 번갈아 던져주면 제비 새끼처럼 맛있게 받아먹었다. 우리집은 물레질을 안 하고 공판장으로 팔았다.

꾸지뽕나무 억센 가시에 찔린 어머니 손은 상처투성이였다. 어린 마음에도 안쓰럽고 슬퍼서 졸졸 따라다니며 일을 거들려고 했지만 내 작은 손은 도움이 되지 못했다. 내 마음을 아시기라도 한 듯

"이런 일 안 혀도 되게 공부 잘혀서 어매 겉이 살지 말어. 잉~."

퇴화한 입으로 고치를 열고 나와 아무것도 먹지 않고 새끼들을 낳고 사라지는 누에나방의 운명을 따르셨는지, 당신 몫의 행복의 옷까지 고스란히 딸들에게 입혀 주고 희생의 옷만 입으셨던 어머니는 누에고치의 흰 실처럼 가늘고 희미한 소망을 안고 사셨다.

큰언니가 시집가던 날 어린아이는 속으로 다짐했다.

"나는 시집 안 가고 어매랑 같이 살 것이그만."

제2부 ____ 닫힌 시간, 열린 시간

세월이 앞만 보며 달려갔다. 사회에 발을 딛고 보니 어린 시절 다부지게 했던 약속을 지킬 수 없었다. 고심 끝에 마당 둘레와 밭 주변에 뽕나무 묘목을 심었다. 내 인생의 밭을 가꾸기 위해 뒤돌아보며 가던 길은 온통 눈물범벅이었다. 눈물이 잠시 멎은 사이 간간이 안부 전화를 드리는 것이 고작이었다.

"난 괜찮응게 너그들만 잘 살면 돼야. 뽕나무도 많이 커 가꼬 인자 산으로 뽕 따러 안 댕겨도 되게 참말로 좋당게."

웃는 목소리였지만, 뒤에 숨은 쓸쓸함이 오죽하셨을까. 어머니 말씀 속에 든 진의를 삼킨 마음은 거친 삼베가 되어 오돌토돌했다. 어머니 곁에 있었던 어린 시절이 보드랍기만 했을까. 그 시절을 둘러싸고 있던 사물이라고 다 똑같은 질감이었을까. 아픈 사물이라고 해서 똑같았을까.

아린 사물들조차도 똑같지 않다. 꾸지뽕이 그랬다. 꾸지뽕차를 제일 좋아하고 아끼게 된 것은 꾸지뽕잎으로 누에를 키우며 딸들을 위해 사셨던 어머니의 추억이 차를 마실 때마다 아련하게 흘러나오기 때문이다.

어머니가 삶을 나누셨던 마음을 이어받아 만나는 인연마다 따뜻하게 차 한 잔이라도 더 나누어야지 하는 생각이 찻잔에 담기고, 진한 여운을 담은 그윽한 향기가 마음속으로 파고드는 날이다.

오늘은 하늘에 계신 어머니를 회억하며 꾸지뽕차를 우렸다. 연홍빛 색이 어머니의 마음을 닮은 듯 참 곱다. 찻잔 하나를 더 채웠다. 손으로 입을 가리며 웃으시던 모습이 찻잔 안에 가득하다.

매느리밥풀떼기

하루 자고 나면 빛이 달라지는 걸 느끼는 시절이 있다. 봄이 오고 가고, 가을이 오고 가는 때면 그런 느낌을 매일 확인할 수 있다. 가을의 아침에는 저만치서 빨갛게 물든 단풍나무가 손을 흔들고, 작은 산새의 재잘거림이 정답고, 사방을 둘러싼 산봉들이 하늘과 손을 잡는다. 부지런한 농장 식구들이 나무와 새, 산봉우리와 인사를 나누며 초록 세상으로 들어가는 문을 열었다.

농장에는 이미 먼저 온 손님이 있었다. 거무튀튀한 회색빛 멧돼지 가족이었다. 아빠, 엄마, 아기 여섯 마리. 놀라기도 했으나 종종 있는 일이라 되려 재미있다. 문제는 참나리와 백합을 귀신같이 찾아내어 꽃자리를 망치는 포식자라는 사실이다. 참나리와 백합 같은 예쁜 꽃만 좋아하는 걸 보면 투박한 생김새와 달리 입은 고급이다.

쫓아내려고 한참 동안 차의 경적을 울렸다. 멧돼지 어미는 머리를 들고 두리번거리더니 새끼들을 앞세우고 서둘러 자리를 떠났다. 쫓아가며 목이 터지도록 지른 소리와 손매질로 멧돼지들의 엉덩이를 차댔다. 늦잠에 빠졌던 메아리도 깜짝 놀라 잠자리를 박차고 일어나 덩달아 소리를 질렀다.

불청객을 몰아낸 일행은 숨을 고르며 일자리에 앉았다. 수생 식물인 큰고랭이 자르는 일을 해야 하는 날이었다. 가위로 한 마디씩 자르는 일이라 손이 아프기는 하지만 숫자 세는 일보다는 훨씬 좋아한다. 서로 말을 할 수 있기 때문이다.

아침부터 멧돼지를 쫓느라 기력이 없어졌다며 새참 시간을 앞당기자고 했다. 강원도 거래처에서 보내준 사과를 하나씩 들었다. 옛날 능금 맛이라고 호들갑을 떨며 맛있게 먹는데, 병순댁이 사과를 손에 들고 바라보면서 말문을 열었다.

"사과를 봉게 맴이 아프거만. 시집와가꼬 첫애기를 가졌는디 왜 그러코롬 사과가 먹고 싶었으까 몰러. 시어버지 시어매는 돌아가시고 시할매허고 시누랑 같이 살았는디 참말로 힘들었거만. 한번은 시할매가 장에 가시더만 사과 한 석작(상자)을 사갖고 오싰어. 저녁이 되었는디, 한 개도 안 주더라고. 창호지 문 구멍으로 들여다봉게 시누는 누워서 배랑박(바람벽)에다 발을 꼬아 올리고 사과를 먹고 있잔이어. 침이 꼴깍 넘어감서 눈물이 나서 혼났당게. 매칠이 지나도 사과는 귀경도 못허고 말었어. 애기 뱄을 때 먹고 싶은 거 못 먹으먼 애기 눈이 짝짝이가 된다고 혀서 걱정을 혔는디 눈만 크고 이쁘드라고. 헛소리였당게."

병순댁이 선창을 놓았다고 여겼는지 어느새 시집살이하던 시절이 깊게 잠자고 있던 기억의 문을 살그머니 열었다.

"내 이야그 좀 들어 볼랑가. 친정에선 밥 걱정은 안혔는디 시집을 가봉게 가지랭이가 찢어지게 가난허더라고. 새각시헌티 쌩보리 한 다발을 비어다 줌서 밥을 혀라고 허니 깝깝 허드랑게. 톱 등어리로 뚜글기가꼬 알갱이를 빼서 도굿통(절구)에다 넣고 도굿대(절굿공이)로 찡게 껍데기가 까지더라고. 학독(돌절구)에다 물을 쪼끔 붓고 폿독개(돌공이)로 막 갈은게 쌀보리가 되았어. 포도시(겨우) 밥을 해놓게 잘들 먹더라고."

야무지게 일을 잘하는 정읍댁의 이야기다. 우리는 '아이고 세상에나' 하며 놀라고 있었다.

"더 기가 맥힌 일이 있당게. 둘째 애기를 날 땐가비어. 다들 일 가뻔지고 없어가꼬 혼자 애기를 났당게. 이빨로 탯줄을 끊고 애기는 뒤뒤 싸서 아랫목으로 밀어놓고 한참을 누워 있다봉게 정신이 좀 들더라고. 미역국도 내가 끼려서 먹었거만."

"어매 세상에, 어매 세상에."

사람들은 입을 다물지 못하고 눈을 크게 뜬 채 석고상이 되어 있었다. 독하디독한 시집살이의 한 풍경이 놀랍고 시리게 눈에 들어오고 있었다.

1960년대를 그렇게 살았던 정읍댁은 육십여 년의 빠른 시간 여행을 하면서 그 일을 까맣게 잊고 살았다고 했다. 견딜 수 없이 아픈 기억 위에 망각의 옷을 애써 입히고 상처를 다독이며 살아왔을지도 모른다.

말수가 적은 매대댁도 이야기 자리에 끼어들었다. 시집살이가 된서리로 내리던 시절을 피할 수 있었던 며느리가 시골구석에 몇이나 되었겠는가. 아무리 손을 내저어도 잡힐 것 하나 없는 가난한 친정에서 시집을 오니, 걸핏하면 어머니 없이 자란 티 내느냐고 구박이 심했단다. 부엌 바닥에 얼마나 많은 눈물을 흘렸는지.

"동네 새각시들이랑 시집 안 간 크내기들이 저녁마다 모여 수를 놓는디, 색실이 없은 게 어쩌겄어. 꼬치를 딸 때 쌩 꼬치 두 푸대를 몰래 감춰가꼬 옆집에다 팔었어. 수틀이랑 당목이랑 색실을 사가꼬 십자수 놓는 것을 배웠거만. 희끄무리한 호롱불 밑에서 복복福자를 죽기 살기로 놓아가꼬 비게 모서리를 맨들었당게."

"나만 시집살이 되게 헌지 알았는디 다들 고상들 허고 살았거만. 나는 재추(재취)로 처녀 시집을 왔어. 양반집이라고 허더만 양석은 달랑달랑허고 삼시롱 머심은 두고 살더라고. 안 되것글래 내가 지게 지고 낭구도 허고 일 다 헌다고 혐서 머심을 보내 뻔졌어. 새경만 안 나가도 어디겄어. 그러케 혔어도 끄깝수를 다 당허고 살았당게. 한번은 시어매가 맹태 한 마리를 사 왔는디 맹태를 지푸락으로 세 간디를 묶어줌서 국을 끼리라고 혀더니 맹태를 건져가꼬 시어매허고 서방만 먹더랑게. 내가 솔찬히 멍청 헌가비어. 맹태국은 그렇게 지푸락으로 묶어가꼬 끼리는지 알았는디, 알고 봉게 맹태가 풀어지면 내가 먹을께비 그런 것이었어."

푸르딩딩한 옛이야기를 그렇게 꺼내놓은 문 집사는 눈물을 글썽거렸다.

"아이고매. 참말로 웃기거만. 원 세상에"

사람들은 서로 얼굴을 쳐다보다가 지푸라기에 묶인 명태의 꼴을 떠올리면서 웃음을 터트리고 말았다. 눈가가 촉촉하던 문 집사도 큰 소리로 따라서 웃어댔다.

그래. '귀먹어서 삼 년, 눈 어두워 삼 년, 말 못 하고 삼년. 석삼년을 세 번이나 살고 보니 배꽃 같던 요 내 얼굴

호박꽃이 다 되었네!"[10]란 노래를 피해 간 여자의 생이 어디 있었겠는가. 그러고 보니 꽃이나 새에게 시집살이하다 배곯아 죽은 사연이 많이도 스며들었다. 한이 깊으면 별이 되기 전에 꽃이나 새가 되어 조금이라도 풀고 가라는 것인지도 모르겠다. 그래야 가벼워져 별이 될 수 있는 것인지.

길옆 산을 가리키며 효례댁이 말했다.

"저그 저 꽃이 매느리밥풀떼기꽃[11]이라고 혔잖이요. 그 이얘기나 좀 혀 주면 좋겠는디요."

꽃의 전설을 말해 주었다. 밥이 뜸이 들었는지 보려고 밥

---

10) 고통스러운 시집살이를 했던 아녀자의 생활을 진솔하게 표현한 민요 가사.
11) '며느리밥풀'을 말한다. 분홍색 꽃잎에 밥알 두 개가 붙어있는 모습이 처연하다.

알 두 개를 입에 넣다가 시어머니에게 들켜서 매 맞고 죽은 며느리의 서러운 넋이 서린 꽃. 나 밥알 두 개밖에 안 먹었다고 보여주려는 듯 삼키지 못한 밥알 두 개가 혀끝에 붙어있는 꽃. 이야기를 듣기라도 한 듯 바람 따라 살랑거리며 며느리밥풀꽃이 처연하게 우리를 바라보고 있었다.

"우리는 어떻게라도 살았응게 저 꽃보다는 낫그만. 자석들도 잘 컸고 이러코롬 존 시상을 살고 있잔이여. 참말로 잘혔어."

"지금 생각혀봉게 미웁고 원망시런 맴은 없당게. 하도 가난혀서 그렸겄지 허고 맴을 돌려 먹응게 솔고시 보고 잡기도 허더라고."

모두 그 시절을 회상하는지 눈꺼풀을 껌뻑거리며 눈가에 고인 눈물을 훔치고 있었다. 가무잡잡하게 그슬려 그늘의 색을 닮아버린 얼굴. 얼굴, 손, 발 가릴 것 없이 세월이 스쳐 지나간 몸 곳곳의 셀 수 없는 세로줄. 갈색 갈고리가 된 두 손.

선하고 고귀하고 아름다운 흔적들.

짠하고 짠한 흔적들.

바람에 흔들리는 매느리밥풀떼기꽃.

땅꽈리 아는 사람

 꽃 말고는 모르고 살아온 외길의 삶이었지만, 그 기나긴 길의 앞에는 시인이 되고 싶었던 사춘기 시절이 있었다. 시인을 꿈꾸었다는 것조차 까맣게 잊고 살던 어느 날, 꿈은 다른 옷을 차려입고 살며시 다가왔다. 꽃이 온통 시가 되어 외길을 걷고 있는 나를 다독였는데, 아픈 구석을 토닥토닥 다독여준 것이 시인 줄은 정작 깨닫지 못했다.

 올여름, 뜻하지 않은 허리 수술과 넉 달이라는 재활 기간을 보내며 둑방길을 걷는 일이 일상이 되었다. 들풀을 벗하는 그 시간은 복된 선물이었고, 길을 지날 때마다 재잘거리며 다른 모습으로 반기는 풀과 꽃들의 이야기에 마음이 마구 설렜다. 이야기를 가진 존재들은 시의 환생일지도 모른다고 누군가 귀띔해주었는데, 놓치고 있었던 그 귀띔이 생생하게 되살아났다.

최근에도 귀띔으로 다가온 존재가 있었다. 그날도 흔하게 눈에 띄는 까마중 옆을 지나고 있던 참이었다. 아니? 까마중잎 사이에서 동그란 열매가 아닌 주머니 같은 열매가 매달려 있는 게 아닌가. 까마중꽃은 하얀색인데 그 아이는 황백색 꽃이었다. 젖먹이였던 나를 어머니 품에서 독립할 수 있게 도와준 땅꽈리! 육십육 년 만의 재회였다.

여섯 살에 초등학교에 입학했지만, 집에 오자마자 책보자기를 내던지고 어머니 젖을 찾았다. 동네에서 제법 먼 막바지엔 콩밭이 있었다. 그 밭까지 따라다니면서 젖을 먹었다. 밭을 매는 어머니를 땡볕에 앉아 기다렸는데, 아무리 기다려도 밭고랑이 줄지 않았다.

"어매! 집에 가게~ 집에 가게~"

자꾸 보채는 나에게 어머니는 콩밭 고랑 사이를 누벼서 땅꽈리 한 움큼을 가져다주셨다. 껍질을 벗겨 주는 대로 작은 입을 벌려 잘도 받아먹었다. 톡 쏘는 청량감은 어머니 젖맛만큼이나 좋았다.

돌아오는 길, 등에 업혀 오는 내내 적삼에 핀 소금꽃 냄새에 취해 도굿대(절굿공이) 굿을 하며 폴짝거렸다. 김매기에 지친 팔이 폴짝거림으로 얼마나 더 아플지를 조금도 생각하지 못하는 나이였다.

"인제 핵교도 갔응게, 젖은 고만 먹는 거여!"

노랑 갱그락(금계랍金鷄蠟)을 발랐는지 몸소름 돋도록 쓰디썼다. 헝겊에 물을 묻혀 닦아내고 다시 먹었다. 그놈의 금계랍과의 전쟁은 계속되었다.

"젖을 어째 못 먹게 허는 거여? 내가 미운개비여."

아이는 열이 나고 아팠다. 얄궂게도 날벼락이 기다리고 있었다. 쓰디쓴 금계랍이 그땐 만병통치약이었으니 나의 처방전이 되고 말았다. 코를 잡고 먹였으나 혀 밑에 감추고 집 옆 논둑길에 뱉어댔으니 무슨 약효가 있었을까. 입 안 가득 감도는 아픔이 어찌나 독하게 느껴졌는지 이 나이에도 약이라면 무섭고 싫다. 그때 생긴 트라우마가 아닐까 싶다.

어렴풋이 정신을 차리고 보니 머리맡에 그토록 맛있었던 땅꽈리가 박을 잘라 만든 낡은 바가지 속에서 웃으며 나를 바라보고 있었다. 손을 뻗어 먹다 보니 기운이 생겼다. 은행알보다 작은 땅꽈리. 그렇게 운명처럼 내게 왔고 젖을 뗄 수 있게 해준 고마운 묘약이었다.

그런 묘약을 오랜 세월 만나지 못하다가 콩밭 언저리에서 살고 있었던 녀석들 두세 그루를 기적처럼 만났다. 하늘나라 콩밭 옆 나무 그늘에서 막내를 내려다보고 계신 어머니의 도우심이 아닐까.

새벽에도 해질녘에도 서둘러 나간 까닭은 땅꽈리가 어머니 안부라도 전해 주지 않을까 하는 동화 같은 상상 때문이었다. 그런 마음을 아는 듯 무성하게 잘 자랐다. 잎겨드랑이마다 주렁주렁 달린 주머니는 방글거리며 웃어주었다. 콩닥거리는 심장을 다독이며 나날이 행복했다.

주머니 속에서 팽팽하게 열매가 익었다. 노랗게 익은 것을 따 껍질을 벗기고 살포시 깨물어보니 어린 시절의 그 맛과 똑같다. 씨앗을 갈무리하려고 실한 놈 몇 알을 챙겼다. 내년 봄에 잘 심고 가꾸어 어머니를 추억하며 소중했던 사랑을 간직해야지.

익은 열매를 모아 지인들의 모임에 가져갔다. 모두 처음

보는 거라고 신기해했다. 한 톨씩 먹으면서 감동하는 모습을 보니 잘 가져왔구나 싶었다.

"이거 키워서 샐러드 만들 때 넣으면 어떨까?"

"아! 맞아. 아주 기발한 생각이네."

"'산야초 나라'에서 제공한 유튜브를 보니 눈과 뇌, 심혈관질환, 혈압, 콜레스테롤에도 효과가 있다네."

"와!"

땅꽈리가 세상에 나올 내년을 한껏 기대하며 즐거워했다. 어머니도 땅꽈리를 먹는 나를 보며 즐거워하셨을까.

제 3 부

아픔과 웃음의 거울

살아보니 살아지더라

— 정읍댁 이야기

 응달진 옆 산에서 짝을 잃었는지 새끼를 잃었는지 고라니의 울음소리가 온 산을 울리며 들려왔다. 존재들은 어쩌다가 다른 울음을 가졌을까. 삶의 형상이 다르게 생긴 대로 울음을 받았겠지만 소리로 식별되는 것에는 겉으로 보이는 형상만이 아닌 보이지 않는 속내도 있다.
 속내가 짠할 고라니의 애절한 울음소리에 고개를 들었다가 시간을 보니 간식 먹는 시간이 가까워져 있었다. 휴식할 때면 쌓인 피로를 잠시 풀기도 하지만, 각자 살았던 이야기를 풀어놓으며 마음에 쌓인 것들을 내비치기도 한다.
 평소 말수가 적고, 남들 이야기를 듣는 일에 더 열심인 정읍댁이 조심스럽게 이야기를 시작했다.
 해방둥이 큰딸로 태어난 정읍댁은 어린 나이에 꿈을 꺾었다. 아버지 어머니는 들녘이 집이었고, 집안일은 여덟

살짜리가 도맡아야 했다. 돌절구에 보리쌀을 갈아 밥을 해야 했고, 동생 보는 일, 멍석에 널어놓은 곡식을 먹는 닭 쫓기 등등의 일들이 눈을 동그랗게 뜨고 차례를 기다렸다.

"다들 학교에 댕기는디 아버지가 못 댕기게 허드라고. 가시나들을 뭣 헐라고 갈치냐고 허면서…. 시집 가가꼬 심들면 친정에다가 팬지질이나 헐 것 아니냐고. 옛날부터 애기 잘 나고 살림이나 잘 허면 존 것이라고 혔그만."

몇몇 친구는 책 보따리를 허리에 묶고 학교에 갔다. 친구들이 신나게 학교 가는 길을 담벼락에 숨어 바라보던 어느 날, 두 손을 불끈 주먹 쥐고 기막힌 생각을 해냈다. 마침 아버지 어머니가 없는 틈을 타서 아버지가 패놓은 장작 한 포(10개)를 칡덩굴로 묶었다. 양쪽으로 끈을 만들어 두 팔을 끼워 메고 낑낑대며 집을 나섰다.

제3부 ＿＿ 아픔과 웃음의 거울

"차가 없던 그 시상에는 정읍장 가는 길이 없었당게. 산을 넘어가야 허는디 깔끄막 지고 독덩어리도 많응게 두손 두발로 뽁뽁 기어 올라가야 혔어. 얼매나 무건가 몰렀어. 원채 심이 들면 이빨을 앙당 물고 맴을 먹었거만. 장작이라도 팔어가꼬 핵교를 가야지 허고."

목이 멘 듯, 후! 하고 깊은숨을 몰아쉬었다.

"산꼭대기만 가면 내리가기는 쉴 거 아니겄어. 죽기 살기로 올라가가꼬 손을 지푸고 인날라고 헌디 큰사람 발이 턱! 허니 서 있잖이여. 아이고! 아부지네. 어쩌겄어. 헐 수 없이 잽혀가꼬 장작도 뺏기고 도로 집으로 와서 막대기로 등글짝을 맞고 얼매나 혼났는가 몰러."

어렵지 않게 살면서 학교에 다니지 못하게 막는 것이 이해되지 않아 맨날 불퉁거렸다. 불퉁거릴 이유는 그것뿐이 아니었다. 동네 친구들이 신나게 놀 때 닭 보는 일은 제일 약 오르는 일이었다.

"썩을 놈의 달구새끼들이 그냥 먹기만 혀도 될 틴디 어찌서 두 발모가지로 착착 헤비 파는가 몰러. 덕석에 있는 보리를 흙바닥으로 뿌리뻔당게."

그런 이야기를 펼쳐놓다가 갑자기 배를 잡고 웃었다.

"어찌서 웃는데여?"

효례댁이 아픈 이야기를 풀어놓다가 갑자기 웃어대는 정읍댁을 의아해하며 물었다.

"핵교도 안 보냄서 달구새끼나 보라고 허니 성질이 나더라고. 모시를 뿌려 준게 옆피로 오더라고. 비루푸대에다 한 마리썩 잡아서 넣고 짚으로 칭칭 감어서 헛간 나무청에다 내비 두었거만."

"고로코롬 쩍깐 아 헌티 달구새끼가 잽힜대여?"

"큰놈들이 아니고 중삥아리였그만, 글고 내가 애기라고 겁을 안 먹었는갑서. 아그들 허고 신나게 놀다 봉게 어둠발이 들글래 집에 왔당게. 아부지랑 어매가 들에서 와 있더라고."

"야! 야! 어찌서 달구새끼가 안 빈다냐?"

아버지 물음에 닭 생각이 났다. 아기를 업은 채 뒤뚱거리며 뛰었다. 비료 포대를 가지고 나와 열어보니 모두 죽어 있었다.

"저놈의 가시내가 말짓만 허니 어쩐대여. 커서 시집을 갈랑가 몰르것어."

불호령이 떨어졌지만, 닭 보는 일은 없어져서 다행이었다.

날이 갈수록 친구들과 노는 일은 기쁘지 않았다. 학교에 갔다 온 친구들은 흙바닥에 돌멩이로 글씨쓰기를 연습했다. 기역니은 디귿 리을, 아야어여 우유…. 날이 갈수록 거리가 멀어지고 괜스레 기가 죽어서 슬그머니 놀이터를 빠져나왔다.

이산 저산에서 새들이 울고 꿩! 꿩! 장끼가 울 때 청보리 이삭들도 하늘을 향해 손을 흔드는 날이었다. 아이보다 큰 망태를 주며 소 먹일 꼴을 베어 오라고 했다. 입을 댓 발이나 빼물고 보리밭 사이 둑에 주저앉아 하늘을 보며 울었다.

한참을 울고 나서 애먼 보리 줄기를 뽑아 낫으로 양 끝을 자르고 한쪽 끝을 이빨로 살살 훑어서 삐! 하고 보리피리를 불면 새들이 친구가 되어 주었다.

"집은 가기 싫고 워낙이 심심허면 보리 모가지를 짤러가꼬 한 개씩 따가꼬 맻 개나 됭가 시어 보기도 혔거만. 산골짝이라 농사가 잘 안 되았는가 몰러도 쉰 개짜리도 있고 일흔 개짜리도 있고 대중이 없더라고. 맥없는 보리 모가지만 뽑아서 심사치기를 헌 것 보면 쫌 꼴통이었는가 비어. 핵교만 보냈으면 그렇게 어긋장을 놓지 안었을것이여."

이제는 상처도 소중한 추억인 듯 웃으며 이야기를 계속하였다.

"하로 하로 지냄서 핵교는 포기허고 부싯작에 불을 땜서 부싯땅으로 부뚜막에다 아그들 등짝 너머로 본 기역니은을 그림서 읽었는디 아부지가 그것을 몰르게 봤는가 비여. 어디서 났는가 훳푸대 종이랑 연필 한 개를 갖다 주더랑게.

'애비가 못 났거먼. 이리 와 보그라. 가갸거겨' 그람서 아부지가 글자를 갈쳐 주었당게. 연필에다 침을 발라 자꼬만 써 봤재. 그리서 지금은 받침은 잘 몰러도 뻐스도 타고 병원 갔을 때도 글자를 안게 좋더랑게. 고상은 혔어도 어련거 말고 쉰 글자로 팬지도 쓸지 안당게. 아부지를 원망혔는디 이렇코롬 글눈을 뜬 것도 모다 아부지 덕이 아니겄어. 핵교 안 댕기면 죽는지만 알었는디 시상은 산게 살어지드라고."

들고 있던 아줌마들이 서로 말을 거들었다.

"참말로 영리 했는가비여. 여그서 일도 젤로 잘 허고 무섭게 허던 아부지 헌티도 그렇게 잘 혔담서. 복 받을 것이여."

농장에서 들꽃과 어우러져 일하는 정읍댁이 오늘은 더 은은한 향기로 피어 골진 주름살이 정겹다. 산바람이 다가온다. 정읍댁이 지난하게 살며 흘린 눈물을 바람이 씻어주고 있었다.

물꼬 싸움
— 정읍댁 이야기 2

하얀 눈발이 창밖을 스치는 소리에 잠이 깼다. 동트기 전, 희끄무레한 새벽빛이 커튼 틈으로 스며들었다. 베란다 문을 살며시 열어보니, 삼월의 눈이 고요히 쌓여 있었다. 봄을 연 문을 갑자기 닫고 다시 겨울로 돌아가지는 않을 것이란 바람 섞인 억측은 언제나 깨졌다.

삼월의 눈이 만든 고요를 작게 깨뜨리며 나섰다. 샛강엔 낯익은 손님이 이미 와 있었다. 늘 아침이면 찾아오는 한 마리 왜가리. 오늘도 어김없이 왔다. 찬 기운이 매섭다. 삭은 줄풀 위에 쌓인 눈 사이로 퍼지는 여린 물결 속에 가느다란 발이 잠겨 있었다. 문득 그 차가움이 내 발끝까지 전해졌다.

먹이를 찾으러 두리번거리던 왜가리가 몸을 움츠렸다. 사자가 사냥을 준비할 때처럼 조심스레 몸을 낮추며 살금 살금 발을 옮겼다. 한동안 그 자세로 물속을 들여다보고 있었으나 먹이를 찾아내지 못했는지 몸을 부르르 떨더니 가벼운 한숨 같은 날갯짓을 하며 하늘로 솟아올랐다. 텅 빈 강 위로 남겨진 건 한 줄기 바람과 흩날리는 눈발뿐.

  바람이 매섭게 불었다. 오늘 같은 날은 쉬고 싶은 맘이 간절하지만, 거래처와 납품 일정을 맞춰야 하는 발걸음이 무겁다. 정읍댁을 태우러 가는 길, 겨울 패딩을 다시 꺼내 입고 미끄러운 도로에 조심스레 차바퀴를 올려놓았다. 그녀는 벌써 나와 기다리고 있었다. 얼른 히터 바람을 더 올렸다. 벌겋게 언 볼과 손끝이 찬 바람을 오래 머금은 듯했다. 차에 타자마자 두 손을 비비며 웅크린 몸을 펴느라 양쪽으로 흔들흔들 돌리면서 말했다.

  "아이고, 추워 죽겠네. 허기사 삼월에 장도가지(장독) 깬다고 혔어."

  차 안이 따뜻해지자, 정읍댁 표정도 한결 편안해졌다. 농장까지 가는 40분 남짓한 길을 이런저런 이야기도 동승했다.

  "매칠 있으면 아그덜 아부지 지사(제사)가 돌아 오는디, 날도 지랄 같으네. 살았을 적에 사람 속을 지독허게도 썩이더만 지사 때가 됭게 날도 안 좋그면."

  쓴웃음으로 지난 세월을 뱉어내는 듯 말문을 더디 열었다.

"그렇게도 힘들게 했나 봐. 억지로 기억하려고 하지 말아요. 마음 아프잖아요."

마땅히 할 말이 없었다.

"인제는 괜찮기는 히여. 하도 오래된 게 미운 맴도 다 저 안개 겉이 없어지드면."

한숨을 길게 내뿜던 정읍댁은 남의 이야기를 하듯 표정 없이 말을 이었다.

"아! 그 시상에 아그덜 아부지는 활량이었그먼. 뺀바지에 뺀구두를 신고 돌아 댕깄어. 아이고 말도 말어. 그러다가 자기 쓸 돈이 떨어지먼 땡감 장시를 허러 진도나 목포 완도 이런 디로 갔는디 장시 허고 돌아오먼 돈 귀경 한 번도 못 히봤거먼. 배깥티서 다 써버리고 매칠 지내먼 맨손으로 탈래탈래 들어왔당게."

"땡감을 왜 거기로 팔러 갔대요? 정읍장에 팔아도 될텐데."

그땐 고기 잡는 그물에 땡감 물을 발라야 그물이 오래 간다고 바닷가나 섬지방에서 땡감을 많이 샀단다.

정읍댁은 그런 남편을 바라보며 아이들의 끼니조차 해결하기 힘들어서 여비를 마련해 아이 둘을 데리고 집을 나갔다. 무작정 발길이 닿은 곳은 광주 지금의 양동시장이었다.

우연히 할머니 한 분이 김밥장사를 하는데 손님이 밀려

혼자 하기 힘들 정도 분주한 것을 보고 간절한 마음으로 할머니께 사정했다.

"이 어린 것들 허고 밥 먹고 잠만 자도 좋응게 일 쪼끔 허게 혀 주시기라우."

정읍댁은 김밥을 말고 장사를 도우면서 밥걱정은 안 하게 되어 한시름 놓았는데, 어느 날, 큰아이는 곁에서 뛰놀았고 어린 둘째는 평상에 눕혀놓고 장사에 몰두한 사이 어린아이가 감쪽같이 없어졌다. 이리저리 찾아다니다 저 멀리서 낯선 남자가 아이를 안고 도망치듯 걸어가는 모습이 보였다. 간신히 뒤쫓아 달려가 아이를 찾았지만 두려움은 가시지 않았다. 아이를 다시 잃어버릴지도 모른다는 생각에 집으로 돌아왔다.

삶은 여전히 고달팠고 남편은 변하지 않았지만, 더는 예전과 같은 나약한 여자가 아니었다. 그런 정읍댁을 바람이 감싸 안았다. 그 바람 속에는 지난날의 눈물도 아이를 잃을 뻔했던 공포도, 죽도록 일해서 아이들을 건사해야 한다는 다짐도 함께 실려 있었다.

쉴 틈 없이 일했다. 벼를 벤 자리에 떨어진 벼 이삭을 줍고, 남의 집 허드렛일도 도맡았다. 아이들이 배곯지 않는 것만으로도 한숨 대신 작은 미소를 머금을 수 있었다.

그녀의 삶은 가혹했다. 서른다섯, 남편이 암으로 세상을 떠나고 나니 여기저기 술집에서 외상값을 받으러 왔고 또 다른 빚쟁이들이 찾아왔다. 방구석에 쪼그리고 앉아 있는 어린아이들과 집 형편을 보더니 악을 써대던 사람들도 구시렁거리면서 그냥 돌아갔다.

먼 길을 걸어 나물을 캐서 장날이면 읍내에 나가 팔고, 쑥을 캐어 떡집에 팔기도 했다.

큰 아이가 중학교에 갈 무렵이었다.

"엄마, 나 공부허는 재주도 없고 핵교도 가기 싫은 게 중핵교 안 갈 거여."

그 말이 정읍댁의 가슴을 철렁 내려앉게 했지만, 아이는 애써 덤덤한 표정이었다.

"후재 왜 그맀으까 허고 후회허지 않것냐?"

말없이 고개를 끄덕이는 아이를 보며 더 이상 묻지 못했다. 공부가 싫은 것이 아니라, 오로지 엄마를 돕고 가장의 빈자리를 대신하기 위해 스스로 학업을 내려놓은 것을 알기 때문에.

"어린 것이 양복점 시다로 들어가서 착실허게 일을 했는디, 아! 작은 아들도 중핵교를 안 댕기고 공장으로 돈 번다고 가뻔짔어. 나가 그때 일만 생각허면 가슴이 미어지거먼."

"그래도 아들들이 고생은 많이 했지만, 이젠 건설회사 사장되고 성공해서 엄마한테도 잘하니 참 다행이에요. 엄마의 고생이 밑거름이었지요."

정읍댁의 가족은 부둥켜안고 의지하며, 희망이라는 작은 불씨를 품고 서로의 어깨를 늘 토닥여 줬으리라.

묻어두었던 이야기를 마치고 나자, 남편을 향한 미운 정 고운 정을 접어 마음의 서랍 속에 다시 넣어두기라도 하는 듯 정읍댁은 한참 동안 말이 없었다.

정읍에서 칠보 수청리로 넘어오는 길옆 다랑논을 지나오는데 말문을 다시 열었다.

"맥없이 그 이야기를 혀가꼬 기분이 쫌 그러네. 참 저그 다랭이논을 봉게로 울 아부지 물코 쌈 허던 생각이 나거먼. 비가 안 오먼 논에 물대니라고 난리었당게. 아랫논 쥔

제3부 _____ 아픔과 웃음의 거울

허고 쌈이 붙었는디 나매들꺼정 허는 일에 그집 여편네가 느닷없이 나서서 울아부지 멀끄댕이를 잡었대여. 아부지는 집에 오시가꼬 여편네한테 그런 일을 당혔응게 얼매나 우새 시럽겄어. 당신이 삭발을 혀 버렸더랑게."

정읍댁은 열을 받은 듯 목소리가 커졌다. 그 집으로 쫓아가서 따졌더니 남자는 가만히 있는데 오히려 여자가 다시 나섰다고 했다.

"서방 잡아먹은 년이 뻔뻔시럽게 와서 지랄이네."

남편을 왜 나더러 잡아먹었다고 할까? 순간 머리가 띵하니 아무것도 안 보였다. 자기도 모르는 사이 마루에 앉아 있는 그 집 남자의 머리를 잡아당겼다.

"너도 우리 아부지 멀끄댕이 잡아 댕깄은게 내도 너그 서방 멀끄댕이 잡아댕긴 것허고 매 일반이다고 혔거먼. 그 여자나 나나 지금 팔십이 넘었는디 여태꺼정 말을 안 허고 지냈거먼. 허기사 얼굴 볼 일도 없었거먼. 멀리 떨어져 살었은게."

지금은 논마다 수리시설이 잘 설치되어 물꼬 싸움할 일이 없지만, 그 시절은 하늘의 비만 기다려야 하는 천수답이었다. 물싸움은 어린 시절 심심찮게 구경했던 일이었다. 논 속에서 뒹굴면서 쌈을 하고 나면 흙투성이가 된 모습이 볼만했다. 그랬지만 이튿날이 되면 막걸리 사발을 기울이며 희희낙락했던 순수함이 마을에 살았다.

정읍댁은 빙긋이 웃으면서 말을 이었다.

"생각혀 보면 우덜이랑 같이 일허다 죽은 보리밭떡[12]이나 행단이떡을 보면 사는 거시 빌 것 아닌디 나도 언지 봐서 그 여자허고 시방이라도 풀어야겠는디 쑥시러서 못허겄어. 부모 쥑인 웬수도 아닌디…."

"큰맘 먹고 죽기 전에 빨리 풀어야 맘이 편해질 거예요. 날씨가 좀 풀리면 막걸리라도 한 병 들고 꼭 찾아가 봐요."

"그리 봐야겄어."

농장에 도착했을 때 차 안은 나가기 싫을 만큼 따뜻해져 있었다. 온기가 아까웠다. 비닐하우스 안으로 들어가려는데 봄눈을 품은 차가운 바람이 불어왔다. 하필이면 수생식물 통에 낳아 놓은 무당개구리 알집이 흐물흐물 추워 보였다.

---

12) 떡은 ~댁의 지역어. (보리밭떡→보리밭댁, 행단이떡→행단댁)

웃음의 뿌리
— 영광댁 이야기

 법성포(전남 영광군) 장날이면 마을은 새벽부터 분주했다. 어둠이 채 물러가지도 않았는데 부산한 소리들이 담장을 넘었다. 늦지 않게 장에 도착해야 하는 어른들은 봇짐을 단단히 꾸려 매고, 손끝에 작은 기대를 담은 채 서둘러 집을 나섰다. 아이들도 덩달아 마음이 들떠 어른들 뒤를 졸졸 따라가려 했다.
 정복이도 마찬가지로 따라나서려 했지만, 마음이 들뜨지는 않았다. 며칠 전 잠결에 들었던 이야기, 소곤소곤 오간 아버지와 어머니의 대화가 자꾸만 머릿속을 맴돌았다.
 "법성포 장에 가머는 정복이 쟈네 어매는 떡장시를 허고 엿장시를 허는 사람이 아부지 지라우?"
 마른하늘을 찢는 날벼락 같은 이야기가 잠결에 날아와 정복이의 마음을 찢고 검디검은 먹물로 스며들었다. 그동

안 흘려들은 어른들 사이에서 떠돌던 이야기가 잠결에 들은 며칠 전의 이야기와 맞아떨어졌다.

"저그 쟈는 다리 밑에서 주서 왔대여."

장날이 되자 정복이는 단단히 옷을 챙겨 입었다. 엄마 몰래 장에 가는 사람들을 따라나설 생각이었다. 하지만 문 앞에서 그만 어머니의 손에 붙들리고 말았다.

"야가 어디 간대여?"

깜짝 놀란 어머니의 단호한 물음에 정복이는 눈을 깜빡이며 대답했다.

"진짜 올 어매 아부지 찾어 갈라고 히여."

어머니는 아무 말 없이 정복이를 안아 올렸다. 어머니의 품에 안긴 순간, 따뜻한 온기가 전해졌다. 그리고 어머니의 나직한 목소리가 들려왔다.

"야야, 공얀히 혀 본 소리 였그만. 너를 놀려 먹을라고 헌 말이였당게."

어머니의 가슴에 얼굴을 묻고 조용히 울음을 삼켰다. 서러웠던 마음이 스르르 풀리고 마음이 차츰 평온해졌다. 자신은 주워 오지 않았다는 것을 믿었다.

시간이 흐르면서 동생들이 태어났다. '자식은 내리사랑'이라는 말이 늘 귓가에 맴돌았지만, 자신이 뒷전으로 밀려나는 듯한 서운함을 지울 수 없었다. 그래도 동생이 생긴 것은 기뻤다. 작은 손으로 정복이가 내민 손을 꼭 잡고 웃는 모습이 사랑스러웠다.

평온하던 집에 날벼락이 떨어졌다. 막내 여동생이 홍역을 앓다 저 먼 세상으로 떠났다. 아버지가 유독 예뻐하시던 동생이었다. 바닷가 양지바른 곳에 조심스레 동생을 눕히고 그 위를 소복하게 흙 대신 풀로 덮었다. 언젠가 어른이 돌아가셨을 때는 초가지붕처럼 크게 엮어서 덮었는데 너무 어려서 작게 만들었을까.

그날 이후, 아버지는 날마다 그곳을 찾아가 지키고 앉아 조용히 흐느꼈다. 바닷바람에 실려 오는 아버지의 울음소리는 가슴에 깊이 파고들었다.

한해가 지나도록 아버지는 집안일을 놓아버리고 덮었던 풀이 마르면 또 덮어주고 다시 덮어주기를 반복하며 무덤 곁에서 살았다. 집안 살림은 오롯이 어머니의 몫이 되었고, 맏이인 정복이는 어머니를 도와야 했다.

동생을 왜 그렇게 지켜야 했는지 나중에 알게 되었는데, 섬과 해안지방에서 내려오는 장례 풍습인 초분草墳(풍장風葬의 한 방식)이었다. 죽은 육신을 땅속에 곧바로 묻는 것이 너무 박정하게 여겨져 조금이라도 지상에 두려는 마음이 담긴 풍습이었을까.

먼저 떠나보낸 어린 자식이 눈에 밟혀 생을 이어가는 기본적인 일조차 단단히 붙잡을 수 없었던 부모님은 곳곳이 아이를 떠올리게 하는 곳에서 더는 살 수 없으셨다. 오랜 고심 끝에 모든 것을 정리하고 친척이 사는 낯선 정읍 땅으로 이사를 결정했다.

떠나오는 날 마지막으로 바닷가 동생이 잠든 곳을 바라보았다. 저물녘 햇살이 부드럽게 감싸고 바다는 아무 일 없다는 듯 잔잔하게 출렁였지만, 마음속에선 작은 파도가 일었다.

상처 난 가정에서 자란 탓일까. 내내 명랑하게 살지 못했다. 그늘이 늘 드리워져 있었고 사는 것이 덧없다는 생각이 문득문득 들곤 했다. 그런 생각이 더욱 깊어진 어느 날 내장저수지를 찾아갔다. 잔잔한 물결을 바라보고 앉아 있던 그녀는 자신도 모르게 물속으로 발을 들였다.

제3부 ____ 아픔과 웃음의 거울

"아가씨! 죽지 마세요."

몸이 서서히 물에 잠겨 가고 있을 때 지나가던 군인 트럭에서 함성이 들려왔다. 합창하듯 울려 퍼지는 소리에 정신이 번쩍 들었다. 자기 모습이 낯설었다.

나이가 들자 여기저기서 결혼을 재촉하는 목소리가 들려왔다. 결혼이 두려웠다. 그런 딸의 마음을 아는지 모르는지, 어머니는 조용히 타일렀다.

"정이 들면 살고, 암만 혀도 못 살것으면 집으로 돌아오그라."

결혼을 결심했다. 사랑이란 걸 알지 못했지만, 거래처럼 되는 줄 알고 시작한 결혼이었다. 신랑은 따뜻한 사람이었다. 버스도 다니지 않는 산골짜기, 낯선 땅에서 맞이한 삶이었지만 처음으로 가정의 평온함을 알았다.

도시에서 시집가는 것이니만큼 조금이라도 멋을 내고 싶었다. 가장 아끼는 뾰족구두 세 켤레를 단단히 챙겼다. 남편과 나들이를 갈 때면 예쁜 구두를 신고 손잡고 걸을 상상을 하며 결혼 후의 삶을 기대했다.

현실은 기대와 달랐다. 남편과 함께 나들이라도 갈 때면 자전거 뒤에 타야 했는데 비포장길은 온통 자갈밭이어서 균형잡기가 어려워 결국 두 발뒤꿈치를 땅에 질질 끌면서 가야 했다. 몇 번을 다니다 보니 소중한 구두는 뒤축이 너덜너덜해지고 말았다. 그럼에도 바람에 실려 오는 풀 내음, 마을 사람들의 따뜻한 인사까지 모든 것이 충만한 기쁨이었다.

행복은 오래 지속되지 못했다. '행복 뒤엔 화마'가 따른다는 말처럼 결혼생활의 시련이 찾아왔다. 시어머니는 며느리는 예뻐하면서도 정작 아들에게 유독 날을 세웠다. 날은 점점 더 예리해졌고, 더 거칠게 아들을 몰아세웠다. 날카로운 눈빛으로 노려봤다.

"썩을 놈 오살 놈 니놈이 니 애비를 잡아 먹었당게."

숨이 멎었다. 남편은 말없이 눈물을 삼키고 있었다. 남편은 유복자遺腹子로 아버지의 얼굴도 모르는 6·25전쟁의 희생자였다. 남편이 한없이 부서지는 모습을 가만히 지켜보고 있을 수는 없었다.

"우덜 따로 나가 살라요."

"매눌아야. 내는 말인디 니가 참말로 좋당게."

"어머니. 이러코롬 맨날 시끄럽고 무서서 못 살것어라우."

시어머니의 표정이 무너졌다. 폭풍같이 오열했다.

"나가 일찌감치 너그 시애비를 잃어 뻔지고 쬐깐 자슥을 키우니라고 고상을 너무 혀다 봉게 이렇고롬 되얏는가비여. 나가 고칠 것이거만."

 가슴속에 묵혀 두었던 속내를 털어놓은 시어머니의 모습은 한없이 작아 보였다. 순간 시어머니의 상처도 이해할 수 있었다. 그날 이후 조금씩 변하기 시작했다. 마음의 문을 열고 서서히 치유되고 가족 간의 관계도 평온해졌다.

 영광댁의 이야기를 들으며 누구는 고개를 끄덕였고 누군가는 눈가를 훔쳤고 한숨도 쉬었다.
 "아따. 그렇게 살았어도 암시랑 안케 웃음서 산 거 보면 참말로 맴이 존 개비요."
 "넘들 아피서 웃어 주먼 내 맴이 좋당게라우. 근디 실은 암도 없이 혼자 있을 때먼 울 때도 있어라우."
 해가 서쪽 하늘을 붉게 물들이고 있었다. 집에 가야 한다고 일어서더니 한 마디를 붙였다.
 "근디 그냥 갈랑게 쬐끔 서운 헌 게로 재미난 노래 한가락 갈쳐 주고 가야겄네. 옛날 〈청춘 부라보〉라고 허는 노래인디 가사만 바꾸먼 되라우."

> 삼베 가다마이 걸쳐 입고 서울 가는 뺑돌이 요놈아
> 새끼 넥타이를 목에 두르고 똥구루마 타고 가는 뺑돌이
> 유리 없는 안경에다 사팔뜨기요

장구통 같은 배때기를 불쑥 내밀고

닐리리야 서울로 간다네 청춘도 한때 사랑도 한때

다 함께 노래하세 부라보!

  익숙한 멜로디에 익살스러운 가사가 더해지자 사람들은 손뼉을 치고 따라 부르며 웃음을 터트렸다. 영광댁은 박수를 받으며 손을 흔들고 서둘러 돌아갔다. 멀어져가는 그녀는 여전히 웃고 갔지만 그 웃음 뒤엔 깊은 울음이 줄줄 흘렀다.

  얼마 전에 영광댁 며느리는 두 살배기 아들을 남겨두고 하늘나라로 떠났다.

노래는 지팡이였다
— 강경댁 이야기

"참을 수가 없도록 이 가슴이 아파도, 여자이기 때문에 말 한마디 못 하고~"

강경댁의 노랫소리가 골래미를 가득 채웠다. 허궁실마을에서 가장 멀리 떨어진 골짜기인 골래미, 사람 발길은 드물었고 바람만이 스쳐 지나간다. 잠시 멈췄다가 바람에 밀려 떠나는 구름, 슬픔을 알고 같이 울어주는 이름 모를 산새들이 그녀의 벗이었다. 두 볼을 타고 흐르는 눈물이 흙보다 돌이 더 많은 밭에 떨어질 때 고달픔도 함께 뿌리를 내렸다.

처녀 시절, 명자는 입버릇처럼 다짐 하나를 말했다.

"쌀 열 가마니만 방에 있는 집이면 거그로 시집을 가야겠어."

선을 보러 갔다. 운명처럼 방 윗목에는 쌀이 열 가마도 넘게 쌓여 있었다. 사람들이 했던 말이 생각났다.

"선 보로 가면 쌀 가마니로 속이 먹을라고 몽강저를(쌀겨) 담어다가 놓아둔 집도 있대여."

명자는 남들 모르게 슬그머니 가마니를 만져 보았다. 쌀이 확실했다. 남자는 산골에서 보기 드물 만큼 준수했고 성품도 좋아 보였다.

"야 야. 다른 디도 많은디 해필이면 그 산중으로 시집을 갈라고 그냐. 산중에 가서 고상만 실컨 헐라고 그냐?"

반대하시던 아버지를 어렵게 설득한 끝에 그의 아내가 되기로 했다. 그는 산골에 살았어도, 독학으로 기타를 치고 장구를 치고 하모니카도 잘 불었다.

두 손 맞잡아 밭을 일구고 남편의 기타 선율에 맞춰 노래를 부르기도 했다. 아들 하나에 딸 둘을 낳고 단란한 가정을 꾸렸다. 무슨 일이든 가정에 보탬이 되는 일이라면 마다하지 않았다. 남편도 부지런했고 강경댁도 억척스러웠다.

그렇게 시간이 차곡차곡 쌓이며 지나던 어느 해의 여름, 논산에서 창고를 지어달라고 기별이 왔다. 돈을 벌 수 있는 일이라 그는 기쁜 마음으로 떠났다. 그 길이 모든 것을 앗아가게 될 길이라는 걸 그땐 알지 못했다.

일주일쯤 지났을 때, 남편은 아픈 몸으로 돌아왔다. 낯선 사람이 되었다. 열병이었다. 기타를 치던 손은 떨리고, 장구를 신명나게 두드리던 팔은 힘을 잃었다. 밤낮이 바뀌어버린 그의 삶과 강경댁의 삶도 함께 나락으로 떨어졌다.

"어찌서 저 나매(남자)가 저로코롬 되얏는가 몰르겄네."

"아이고, 저 각시도 팔자가 쎈가비여."

마을 사람들은 모이기만 하면 수군거렸다. 듣고 싶지 않았지만, 피할 수도 없었다. 더 큰 문제는 아이들이었다. 이제 겨우 초등학교에 다니는 세 아이에게 어떻게 설명해야 할까. 대체 어떤 말로 아버지를 이해시킬 수 있을까.

"어매. 아부지는 어찌서 그런대여?"

"너무 뜨거가꼬 아픈 것인게 너그들은 걱정허지 말고 공부나 잘혀라 잉~."

강경댁은 목이 멨다. 골래미 밭으로 갔다. 노래를 흥얼거리며 고통스러운 마음을 풀 수 있는 곳. 골래미 골짝.

"어머니의 손을 놓고 돌아~ 설 때~~에, 부엉새도 울었다오 나도 울었소."

"고달픈 인생길을 허덕이면서 아~아 눈물로 보냅니다. 여자의 일~~생."

〈비 내리는 고모령〉을 부르고 〈여자의 일생〉을 불러대면 노래는 산으로 날아가고 바람이 노래를 품어 안았다. 나무들도 따라 울었다.

　노래를 뚫고 옛 기억이 눈앞에 다가와 있었다. 중학교 일학년을 다닐 때였다. 어린 동생들이 배를 곯고 부모님의 한숨 소리가 깊어질 때마다 학교가 아닌 현실이 보였다. 책가방을 집어 던지고 강경에 있는 '황산직물공장'으로 향했다. 큰딸이라는 운명을 외면할 수 없었다.
　"여그 공장에 일 좀 허고 돈 벌라고 왔서라우."
　"우리가 사람은 있어야 헌디, 너무 쬐깐혀서 헐랑가 몰르겄다."
　"갈쳐만 주먼 잘 헐께라우."
　키가 작아 기계를 다루기 힘들었다. 벽돌을 쌓고 올라가야 손이 닿았다. 손끝이 얼얼하고 기계 소리가 귀를 찢을 듯 울렸지만, 묵묵히 일을 배웠다. 의외로 곧잘 터득했고 영리하게 일 잘한다는 칭찬도 들었다. 동생들이 학교에 다닐 수 있다는 것이 버팀목이었으리라. 몇 년이 지나 기술자가 되었다. 오라고 하는 곳도 많았다.

나은 환경과 돈을 더 주는 곳으로 옮겼다. 경기도 광주 '미사리'라는 낯선 곳. '동남직물공장'에서 스무 살의 꽃다운 시절을 다시 걸었다. 공장엔 난로가 없었다. 차디찬 기계를 이쪽저쪽으로 밀고 다시 밀 때마다 손은 쇠에 쩍쩍 달라붙었다. 손끝이 얼어 감각이 없어질 때면 아버지와 어머니 동생들을 떠올렸다. 마른 몸으로 버텨냈던 지난날들이 주마등처럼 스쳐 갔다.

남편의 투병 생활 15년, 형편은 갈수록 어려워졌고 아이들의 교육비를 마련하기 위해 농협에서 빚을 냈다. 강경댁 혼자 짓는 농사로는 감당키 어려웠다. 아이들 교육에 동네 사람들의 멸시 어린 눈총도 힘들었다. 새벽 4시가 되면 일어나서 집안일을 하다가 야생화 농장에 일하러 다녔다. 끝나고 오면 밤늦게까지 다시 집안일을 했다. 별이 총총한 밤하늘 아래에서 흙 묻은 손으로 땀을 훔치며 "조금만 더, 조금만 더" 그렇게 힘을 냈다.

"아이고 저 집은 빚도 많이 지고 저러코롬 심이 듬서도 뭘라고 아그덜을 높은 핵교꺼정 보냉가 몰르겄어."

"일허다가 죽을라고 그렇게비여. 쯧쯧."

다행히 큰딸은 대학교를 3년 만에 조기 졸업하고 장학금을 받아 대학원까지 들어갔다. 비웃음의 시선들은 등을 뚫고 나갔다. 늘어만 가는 빚이 무섭게 옥죄어 왔다. 일억 가까운 빚의 무게를 견디며, 몸이 부서지도록 일하여 이자라도 밀리지 않게 신용을 지키는 일은 원수보다 무서운 것이 버티고 있는 외나무다리를 건너는 것 같았으리라.

 희망을 걸고 짓는 농사는 수확 후 농약과 비료 대금, 일손을 부린 대가를 치르고 나면 남는 것이 없었다. 제자리걸음을 하듯, 한 해가 가고 또 한 해가 와도 상황은 크게 달라지지 않았다.

 그늘만 지던 구멍에 볕이 들려고 그랬는지, 어느 해 소득이 나은 고추를 많이 심었는데 하늘의 도움으로 날씨가 좋았고 농사도 잘됐다. 중국에서 고추 수입이 안 되어 한 근에 5~6천 원 하던 고춧값이 이만 원이 넘었다. 쉽게 오지 않는 기회였다. 마을에서 가장 많은 수확을 했고 오랫동안 짓누르던 빚을 절반이나 갚을 수 있었다. 다음 해에도 볕이 환하게 들어 남은 빚까지 모두 갚았다. 남편의 건강도 눈에 띄게 좋아졌고 얼굴에 웃음이 돌아왔다. 노인 일자리도 나가며 활력을 되찾았다.

 "이참에는 베트남이랑 태국이랑 또 갔다 왔담서? 그 고상 혀갓고 아그들 갈쳐 놓게 비향기도 타고 좋겠네."

"그리고도 달달이 꼬박꼬박 통장으다가 용돈도 넌대여."
"참말로 잘 되얐어."
동네 사람들의 시선도 바뀌었고 모두 부러워했다.

행복은 쉽게 지켜지는 것이 아니었다. 눈물과 땀으로 지켜내야 하는 것이었다. 삶이 버겁고 힘겨울 때 깊은 한숨의 치료제는 노래였다.

강경댁은 요즘도 〈여자의 일생〉을 부른다. 이젠 단조가 아닌 장조의 리듬을 타고, 일어나 막춤을 추면서 부른다. 사람들 눈가에 주름이 잡히도록 웃게 한다. 그녀는 말한다.

"가만히 생각혀 봉게 노래는 심들 때 통곡이었는디, 지내고 봉게 안 자빠지게 혀준 지팽이였당게."

겨우 여섯 살
— 능다리댁 이야기

참바람이 나뭇가지 사이를 지나간다. 바람의 길이 나뭇가지의 길과는 사뭇 달라 나뭇가지가 몸을 꺾으며 흔들린다. 이끼 낀 바위 사이를 계곡물이 흘러간다. 바위가 물의 길에서 슬쩍 비켜서는 곳과 물의 길을 온몸으로 막아서는 곳의 소리가 다르다. 자연이 깨어나는 합창 소리는 서로 다른 길이 만나는 방향과 정도의 차이가 만들어내는 것인지도 모른다.

'딱따구르륵' 나무를 쪼아대는 소리가 멀리 날아간다. 올해도 어김없이 딱따구리는 농장에서 가장 큰 귀룽나무에 집을 짓고 있다. 숲속에서 가장 부지런한 귀룽나무의 잎이 피기 시작하면 사람들은 농사를 준비했다. 딱따구리의 소리가 집요하게 한곳에 머무르고 있는 걸 보면 먹이를 찾는 것이 아니고 올해 살 집을 짓는 것 같다.

백양꽃 숫자를 세던 백암댁이 일손을 멈추고 윗몸을 뒤로 젖히며 말했다.

"저그 저 새는 머리가 홍등그리 허것어. 근디 어찌서 봄만 되면 저 귀룽낭구에다 집을 짓는가 몰르것어."

"암시랑도 안 헌게 또 와가꼬 집을 짓니라고 저 난리것지. 글고 저 새 새끼도 귀룽낭구가 약이 된지를 아는 갑이여."

정읍댁이 거들었다.

"뭔 약이 된대여?"

내동댁이 궁금한 듯 정읍댁의 얼굴을 쳐다봤다.

"잘은 몰르것는디 그 전에 어른들이 저 낭구를 보기만 허면 짤러가더라고."

정읍댁이 얼버무리는 사이에 백암댁이 한참 지난 기억을 떠올리더니 말을 이었다.

"우리 서방이 허던 이애기여. 시아버지는 물팍이 아픈 디도, 중풍 걸린 디도 쓰고 몸땡이가 붓는 디랑 설사 난 디도 좋다고 험서 비어다가 귀허게 썼대여."

자기가 시집오기 전 떠나신 시아버지는 약도 잘 아시고 가족을 잘 돌봐주셨는데 남편이 열세 살 때 돌아가셨다고 했다.

"그런디 시아버지는 어찌서 그로코롬 후딱 돌아가싰대여?"

정읍댁의 물음에 백암댁은 하우스 밖 저만치 서 있는 귀룽나무를 잠시 바라보다가 조용히 입을 열었다.

"인공때였대여. 식구들을 데리고 주정골 꼴짝으로 숨을라고 갔는디, 해필이먼 호랭이굴로 간 것이여. 그때 군인들 허고 인민군들이 양쪽 산 등어리에서 서로 총을 쏨서 쌈을 허는디 총알이 널러와가꼬 즉사를 허싰대여."

어린 나이에 아버지를 잃은 남편은 아플 때면 귀룽나무를 삶아 주시던 아버지를 보고 싶어 했다. 백암댁 역시 얼굴도 모르는 시아버지가 떠오른다고 했다.

저만치 서 있는 귀룽나무를 한 번 더 쳐다봤다. 변함없이 그 자리에서 계절을 맞이하고 새들을 품어주는 나무. 어쩌면 이 나무도 오랜 세월 누군가의 삶과 죽음을 지켜봐 온

것은 아닐까? 따스한 봄볕이 내려앉는 농장에서 우리는 오래된 이야기 속으로 스며들고 있었다.

"아이고 인공 때 이야기만 나오면 몸소리가 쳐지는거먼."

정읍댁이 머리를 가로저으며 한숨을 쉬었다.

"피난 댕길 때 이애긴디 우리 할매가 은까락지를 놓고 왔다고 쬐깐 나를 델고 집으로 도로 갔었당게."

정읍댁 아버지는 자기가 다녀오겠다고 했지만, 할머니는 기필코 당신이 나섰다. 혹시라도 인민군한테 잡히면 남자는 죽여도 늙은이는 봐줄 거라고 하면서 갔다.

"근디 어찌서 다섯 살 먹은 손지딸을 델고 갔데여."

백암댁이 의아해했다.

"아매도 쬐깐 애기가 있으면 더 봐 줄란가 허고 델고 갔는가 몰르잔이여."

내동댁이 짐작해서 말했다. 정읍댁 할머니는 집으로 갔다가 인민군과 마주쳤다. 마을 사람들이 모두 어디로 숨었냐고 물었다. 모른다고 하니 거짓말한다고 하면서 먼저 붙잡힌 사람들과 함께 끌고 갔다.

어디로 끌려가는지 알 수 없었다. 동네를 벗어났다고 해서 아주 모를 곳도 아니었을 텐데 공포가 시야를 흐리게 만들었는지 길을 낯설게 만들었다. 저물녘까지 산길을 따라, 가다 쉬기를 반복하며 끌려갔다. 할머니 귀에 인민군들이 주고받는 이야기가 들렸다.

"저것들은 총알도 아깐게 산 높은 디서 밀어가꼬 죽이야 겄어."

죽게 될지도 모르겄다는 생각은 했으나 낭떠러지에서 떠밀릴 생각을 하니 공포가 뼛속까지 얼어붙게 했다. 아득해졌다. 할머니는 이래도 죽고 저래도 죽을 바엔 어떻게든 도망을 쳐야 한다고 생각했다. 어둠이 짙어지고 있었다. 가슴이 방망이질 쳤다. 큰 바위 옆을 지날 때, 손녀를 홱! 끌어당겨 바위틈으로 숨었다. 어둠이 도와주었다. 인민군들은 두 사람이 사라진 줄 모르고 바위 옆을 그냥 지나갔다. 어둠을 뚫고 지나가는 발걸음 소리가 더는 들리지 않을 때까지 숨을 죽이고 오들오들 떨었다. 정읍댁과 할머니가 죽음 한가운데에서 살아난 이야기에 모두 손뼉을 쳤다.

"할매가 날 살렸당게."

"어매, 집이는 두 시상을 살았거먼."

내동댁이 혀를 내둘렀다. 인공 때 이야기는 계속되었다.

"근디 능다리떡(댁)도 저그 화계동 다리 옆에 아 그 공동생이집 있는 디서 어매 아부지하고 다른 사람들 다 죽었는디 혼자 살아 남었담서 그 이야기 잘 아는 사람이 알먼 혀주먼 좋겄는디라우."

내동댁은 산내면 옆 산외면 건너에 있는 옹동면에서 시

집을 왔기 때문에, 산내 이야기를 자세히 알지 못했다. 나는 잠시 눈을 감았다. 자랄 때 어른들의 이야기를 들은 지 오래되었지만, 기억은 생생했다.

전쟁이 터졌을 때 능다리댁은 겨우 여섯 살이었다. 능다리댁 고향에도 인민군이 들이닥쳤다. 아이 어른 할 것 없이 끌어다가 모두 죽이려고 한 줄로 세워 놓았다. 무슨 일이 이어지게 될지 알고 굵은 눈물을 흘리는 이들, 살려달라고 사정하는 이들, 모두 차례차례 무자비한 총탄을 맞고 쓰러졌다.

총소리가 울리며 한 사람이 쓰러지고 다음 사람이 쓰러졌다. 두려움에 질린 어린 능다리댁은 총알이 날아오기도 전에 기절했다. 깊고 고요한 정적이 흐른 뒤 눈을 떴을 때 바로 옆에는 어머니가 총에 맞아 쓰러져 있었다. 어머니 몸에는 아직 온기가 남아있었고 핏물이 따뜻한 이불처럼 능다리댁을 감싸고 있었다. 숨도 제대로 쉬지 못하고 그 사이에서 몸을 일으켰다. 그렇게 살아남았지만, 부모도 형제도 이웃도 없이 홀로 남겨져 먼 친척 집에서 자랐다.

팔순이 훨씬 넘은 그녀. 이제는 상처도 늙었는지 혼자 살아남은 그 끔찍한 현장, 화계동 다리 옆을 아무렇지도 않은 듯 걸어가곤 한다. 뒤뚱거리며 걷는 등 뒤로 저물어 가는 햇살이 길게 드리워지곤 한다. 그 어릴 적 보았을 핏빛이 서산으로 넘어가는 노을빛 같았을까.

능다리댁의 이야기를 기억하는 이들은 점점 줄어들고 있다. 능다리댁 이야기뿐일까. 언젠가는 오래전에 일어난 아픈 사건들의 기억이 사람들 사이에서 더는 흘러갈 길을 찾지 못하고 흩어지는 물안개처럼 옥정호 속으로 스며들어 사라지고 말 것이다.

능다리댁의 이야기를 듣고 나더니 아무도 쉽게 입을 열지 못했다. 깊은 한숨처럼 바람이 한차례 지나갈 뿐이었다. 귀룽나무도 싹 틔우는 일을 잠시 멈추었다. 막 움트려던 연둣빛 새순이 조용히 숨을 죽였고 바람결에 흔들리던 가지도 어느새 잠잠해졌다. 딱따구리도 나무를 쪼지 않았다. 조금 전까지 경쾌하게 울리던 소리도 멎고 농장 풍경이 침묵 속에 잠겼다. 나무도 새도 바람도 아픈 이야기를 듣고 있었던 걸까.

그렇게 한동안 아무 소리도 나지 않았다. 어디선가 아주 작은 바람이 다시 불어왔다. 조용히 나뭇가지를 어루만지는 바람. 누군가 오래전 흘린 눈물처럼 외로운 바람.

귀룽나무가 다시 물 올리기를 하고 딱따구리도 딱따구르륵 다시 집을 짓기 시작했다.

방물장수 할머니

  아침 햇살이 살며시 산마루를 넘어오면 작은 산골 마을은 산자락에서 멀리 떨어진 집부터 해를 맞이하며 하루를 열었다. 열댓 채의 초가집이 옹기종기 모여있는 곳. 바람이 스치고 지나가면 지붕 위 박 덩굴이 수줍게 웃었다.
  산등성이를 따라 피어오르던 물안개가 서서히 걷히면, 하늘은 더욱 푸르게 빛났다. 제 세상인 듯 날아오르는 새들의 지저귐은 맑은 노래였다. 길섶에는 이름 모를 들꽃들이 도란거리며 향기를 퍼뜨렸고, 계곡물은 돌돌돌 흐르며 마을을 감싸안고 인사하며 지나갔다.
  그렇게 하루가 열리고 나면 먼 길을 걸어온 방물장수 할머니가 마을 어귀에 모습을 드러냈다. 햇볕에 그을려 흙빛으로 변한 얼굴에는 주름이 깊은 고랑으로 자리 잡고 있었고, 등에 멘 보따리는 야윈 몸집에 비해 큼직했다. 몸과 짐이 만들어낸 엇갈린 모습은 아프게 다가왔다.

그런 마음도 잠시, 짐 속에 들었을 온갖 작은 보물들에 대한 호기심이 가득 일었다. 할머니는 지팡이를 짚고 천천히 걸으며 낮고 정겨운 목소리로 마을 사람들을 불렀다.

"방물장시 왔어라우! 방물!"

마을 사람들은 모두 일터에 가고 아무도 없었다. 아이들은 영순이네 집에 모여있었다. 영순이네 부엌 시렁에는 언제나 밥 바구니가 매달려 있었다. 턱 퍼진 꽁보리밥엔 인정이 들어있었다. 장독대에서 고추장을 뜨고 텃밭에서 막 뜯어온 상추 한 줌을 넣어 쓱쓱 비벼 먹곤 했다.

맛있게 먹던 자리에 방물장수 할머니를 모셔 한 그릇 드렸다. 허겁지겁 맛있게 드시더니 이내 보따리를 풀어 '손가락' 과자를 하나씩 건네주셨다.

생전 처음 보는 과자였다. 달고 바삭한 맛이 입안에 퍼지는 순간, 커다란 기쁨이었지만, 아이들이 정작 갖고 싶은 건 따로 있었다. 검정 고무줄이었다. 몇 가닥만 있어도 끝을 이어 고무줄놀이를 할 수 있다는 소망이 있었지만, 모두 돈이 없는 아이들이었다. 우리는 둘러앉아 머리를 짰다.

"야들아. 우덜 이참에는 꼭 고무줄을 사 돌라고 쫄라 대야겠어. 세 개만 있으면 이서가꼬 고무줄살이를 헐 수 있잔이여."

할머니는 가까운 마을을 한 바퀴 돌고 저녁 무렵이 되면 우리 집으로 오셨다. 남자가 없는 우리 집이 편하셨는지 늘 들러 주무시고, 아침이면 다시 다른 마을로 길을 나서곤 했다. 필요한 물건을 사려고 방물장수 할머니가 묵으시는 밤이면 우리 집으로 어른들이 모여들었다. 둘러앉아 고무줄을 얻을 계획을 짰던 그날 저녁에는 아이들도 따라와서 엄마들한테 고무줄 사달라고 떼를 썼다.

"고무줄 한 개만 사주라고. 잉~"

"접때 말혔잔이여. 이참에는 사준다고 혔잔이여. 앙~앙~."

울고불고 난리를 치는 바람에 그날 밤 고무줄 세 줄기를 손에 넣을 수 있었다. 아이들은 날이 밝으면 고무줄놀이할 생각에 밤 내내 뒤척였다. 밤은 길고 밝을 줄 몰랐다. 어떤 아이는 꿈에 "산골짜기 다람쥐 아기 다람쥐~~"라는 고무줄놀이할 때 부르는 노래를 신나게 부르며 잠꼬대하기도 했다.

언니들은 길고 곱게 기른 머리를 조금씩 솎아 잘라 팔았다. 가발 만드는 공장에서 사 간다고 했다. 그렇게 한 움큼 모인 머리카락은 가지런히 묶여 할머니 보따리에 담겼고 참빗이나 얼레빗, 비누, 미영 실, 수를 놓을 색실 등으로 바뀌었다.

친구 어머니는 남편 잠옷으로 하얀 인조 바지를 샀다. 눈이 부시도록 희고 반들반들했다. 우리는 손으로 그 옷을 살짝 만져 보며 신기해했다. 친구 아버지도 마음에 쏙 들었던 모양이었다.

오일장인 강진 장에 가는 길. 새 바지를 자랑하고 싶은 마음이 간절했던지 속에 입고 가던 도중에 길가 바위 뒤에서 인조 바지를 겉에다 입고 한껏 뽐내며 길을 걸었다. 마을을 지나가는데 몇몇 아낙네들이 서 있다가 웃음을 참지 못하고 키득거리는 것을 알고 무언가 이상하다는 걸 깨달았다.

"저 냥반 참말로 요상시런 사람인개비여. 웬 시상에나~ 잠옷 속바지를 입고 어뜩게 댕긴 대여. 웃겨 죽겠네. 큭큭큭!"

얼굴에 화롯불을 부은 것처럼 확 달아오른 친구 아버지

는 황급히 인조 바지를 다시 속에 입고 장으로 갔다. 집에 돌아와서 그날의 이야기를 했다.

"나가 오늘 장에 가다 크게 우세(창피)를 샀거만! 애핀내들이 길가티 있다가 어떠케나 웃고 지랄헌가 혼났거만."

"아이고. 뭘라고 그러케 히가꼬 우세를 사고 댕긴다요. 쥐구녕이라도 들어가고 시펐겄어라우. 크크크"

마을 사람들은 지금까지도 잊을만하면 그 사건을 이야기 판에 꺼내놓고 있다. 순수하고 몰라서 실수할 수 있고 실수가 한바탕 웃음이 될 수도 있다. 오래된 기억의 한 토막이지만, 그 웃음소리와 따스한 사람들의 정이 여전히 마음 한구석을 간지럽힌다.

어느 저녁 여러 마을을 다니고 방물 할머니는 지친 걸음으로 우리 집에 오셨다. 받은 곡식 짐이 무척 무거워 보였다.

그 시절 산골 마을은 돈이 귀했다. 돈으로 물건을 사고파는 것이 드물었고, 돈 없이 물건을 사고팔며 살아가는 방법이 자연스러웠다. 할머니가 오면 집 안 구석구석을 살폈다. 고사리 말린 것, 취나물 말린 것, 팥이나 깨 같은 것을 물건과 바꿨다. 어떤 곡식이든 다 받았다. 때론 중매도 잘해서 중매中媒채도 쏠쏠했다. 사람들은 할머니에게 물었다.

"나이도 솔찬이 잡쉈겄는디 어떠케 이로코롬 심든 장시

를 헌다요?"

"어쩌것어라우. 서방이 인공때 빨치산헌티 잽히가고 안 옹게 아그들 둘이나 멕이고 갈쳐야 허는디. 아그들은 잘 갈쳐 놀라고라우."

"아이고. 그나 참말로 장허요."

할머니와 마을 사람들은 혀를 차며 눈물 바람을 했다.

"그리도 양골 장시를 헌게 고상은 혀도, 돈은 쪼끔 더 되지라우?"

"그러키는 헌디, 갖고 갈랑게 걱정이네라우."

우리는 도대체 양골 장사가 뭔지 몰랐다. 알고 보니 가져온 물건에서 이익을 남기고 받은 곡식을 팔아 이익을 남긴다는 뜻이었다. 결코 쉬운 일은 아니었으리라. 돌아가는 길엔 올 때보다 짐이 더 컸다. 무겁게 짊어지고 가는 모습에 마을 사람들은 안쓰러워했다. 그 뒤에도 똑같은 모습으로 동네를 찾아왔다.

세월도 뒷산 계곡물처럼 지나갔다. 어느 때부터 할머니는 오지 않으셨다. 철 따라 어김없이 찾아오시던 걸음이 끊겼다. 마을의 골목도 허전했다.

"아이고. 떨어진 것도 많은디 어찌서 안 옹가 몰르겄어라우."

"긍게 말이여라우. 죽었는가 몰르겄어."

제3부 ____ 아픔과 웃음의 거울

"죽든 안 혔을랑가 몰라. 고상혀서 키운 자슥들이 잘 되야가꼬 저그 어매 장시를 못허게 헌가도 몰르재."

아직도 눈에 선하다. 어둑해지는 길을 따라 멀어져가던 뒷모습, 한숨처럼 흩어지던 발걸음. 어려움과 고단함을 품고 살아가던 한 여인의 이야기가. 내 기억 속 깊은 곳에서 빛바랜 풍경으로 자리를 잡고 도무지 낡아가지를 않는다.

긴 머리 두 남자

 70년 전, 전쟁이 끝난 지 얼마 지나지 않은 1955년의 일이었다. 나는 고작 세 살이어서 아무것도 기억하지 못하지만, 세상은 여전히 극심한 가난과 혼란 속에서 생명의 잔불을 겨우 되살리는 중이었다. 언니는 열네 살이었으니 그때를 기억할까.
 귀순이가 열네 살이 된 그해, 외할아버지는 먼 길을 걸어 남원 운봉에서 정읍 산내까지 오셨다. 차가 없던 시절이라 며칠을 걸어야 하는 고된 여정이었다. 서당 훈장이셨던 외할아버지는 외할머니가 돌아가셔서 딸에게 의지할 수밖에 없었다.
 귀순이 부모님은 처음엔 반가워했지만, 무거워지는 생활고 속에서 마음의 짐이 늘어갔다. 골이 깊은 산동네라면 어느 곳이나 그랬겠지만, 귀순이네가 살던 산동네는 농토가 변변치 않아 깊은 산골짜기까지 찾아가 밭을 일구어야 했다.

　화전민으로 살아가는 사람들이 곳곳에 있던 때였다. 그렇게 일구는 것을 '풀을 친다'고 했다. 큰 나무가 없는 민둥산에 가시덤불만 무성한 것을 베어서 가운데로 모아 불을 놓고 괭이로 억새 뿌리나 가시나무 뿌리를 파내고 일군 땅에 옥수수와 조, 수수를 심어 겨우 입에 풀칠해야 했다.

　풀칠조차 고되고 고됐다. 비료도 농약도 없던 시절이었고, 산이 헐벗어 퇴비가 될 만한 것들이 만들어지지도 않았다. 당시의 산은 요즘처럼 나무가 빼곡한 산이 아니었다. 사람이 사는 곳과 가까운 산은 전화戰火에 불타버리거나 난방과 취사를 위해, 밭농사를 위해 헐벗은 모습이었다. 그 땅에서 풍작과 흉작을 가름하는 것은 오로지 농사에 쏟아부은 땀과 햇빛과 바람이었다.

　산내에서 쌍치로 가는 쪽 가장 깊숙한 매죽리 병동 골짜기에 작은 오두막 한 채가 있었다. 방은 두 개였는데, 하나는 예배당의 전도사가 거처로 삼았고, 나머지 하나는 귀순이와 외할아버지가 지냈다.

　해가 길어지는 철이 되면 산속의 옥수수는 하루가 다르게 키가 자랐고, 조와 수수에도 작은 이삭이 맺히기 시작했다. 낮에는 바늘처럼 따갑게 꽂히는 햇살 밑에서 일해야 했고 밤이면 하늘의 별을 세며 살았다.

고된 일을 하느라 고달팠던 몸을 눕히고 호롱불을 끄고 막 잠을 자려던 어느 밤이었다. 전도사 부부는 예배당으로 내려가고 오두막에는 귀순이와 외할아버지만 남아있었다.

한밤중에 어둠 속에서 낮고 거친 목소리가 들렸다.

"여그 사람 있능 거 안게로 문 쪼깨 열어 보랑게라우."

문을 두드리는 소리에 귀순이는 눈만 내놓고 이불을 뒤집어썼다. 외할아버지가 호롱불을 켜고 조심스럽게 문을 여는 순간, 총을 든 두 사람이 서 있었다. 눈빛은 날카로웠고, 얼굴에는 피곤과 굶주림이 짙게 서려 있었다.

"먹을 거 있으머는 좋게 말헐 때 다 내 놓시오."

그들은 미처 도망치지 못한 빨치산이었다. 총부리를 등에 받으며 외할아버지는 부엌에 있던 것을 모두 내주었다. 말라붙은 보리밥 덩이와 조금 남은 나물 반찬까지. 둘은 건네준 음식을 허겁지겁 먹어 치우더니, 겨우 정신이 돌아온 것처럼 방안을 둘러보았다. 낡은 놋그릇을 보던 한 남자가 말했다.

"이 집구석은 놋그럭이랑 있능 거 봉게 쬐끔 잘 살었는갑네. 그런디, 시방 시상이 어떠코롬 돌아강가 말 조끔 혀 보시오."

"다 늙어가꼬 시상을 어떠코롬 알겄소. 도시 암 것도 몰라라우."

"깝깝히서 죽겄네."

중얼중얼하던 남자 하나가 놋그릇을 달라고 하여 가져가라고 하니 얼른 챙겨서 집을 떠났다. 십년감수한 듯 한숨을 쉬고 있는데, 간 줄 알았던 그들이 다시 돌아왔다. 이젠 죽이려고 왔나보다, 하고 가슴이 철렁 내려앉았다.

"우덜 댕겨갔다고 딴디 가서 이야그허먼 야네 아부지를 쥑일팅게 입조심 히야여. 약뿌랭이 캐로 산으로 댕기는 것을 먼디서 모다 보고 있응게로 알어서 허라고 허는 소링게."

그렇게 협박하고, 큰기침을 연신 하면서 사라졌다.

귀순이와 외할아버지는 밤새 잠을 이루지 못하고 쪼그리고 있다가 날이 밝자마자 서둘러 동네로 내려왔다. 가족들에게만 자초지종을 이야기하고 다른 누구에게도 말하지 못했다.

　이후 귀순이는 아버지가 산에 약초를 캐러 나갈 때마다 조마조마하며 가슴을 졸였다.

　돌이켜보면 귀순이를 옭아맨 두려움은 전쟁이 마을로 가까워진 때부터 시작된 것이었다. 귀순이 가족도 다른 피난민들과 함께 목숨을 건 도망길에 올라야 했다. 마을 여기저기서 비명이 들리고 가축과 손수레를 끌고 가는 사람도 있었다. 귀순네도 먹을거리를 대충 챙기고 아버지는 지게에 이불과 귀순이 동생을 지고 마을을 떠났다.

　마을을 벗어나 좁고 가파른 산길을 걸었다. 전쟁의 흔적은 여기저기에 남아있었고 부서진 다리, 검게 타다가 남은 초가집, 모든 것이 어수선하게 뒤엉켜 있었다. 피난길의 사람들은 서로를 보살피며 걸었지만 배고픔과 피로로 인해 쓰러지는 이들이 많았다.

　밤이 되면 숲속에서 쉬어야 했다. 모닥불조차 피울 수 없었고 멀리서 들려오는 총성이 점점 가까워질 때마다 가슴이 조였다. 어딘가에 잠시 머물다가도 총소리가 가까이에서 울리면 허겁지겁 보따리를 싸야 했다. 굶주림과 두려움 속에서 가족들은 서로를 붙잡고 국군이 오기만을 기다렸다.

어느 날은 인민군과 마주칠 뻔한 적이 있었다. 갑작스러운 총소리에 사람들은 황급히 바위 사이로 몸을 숨겼다. 다행히 쥐 죽은 듯 숨어있어서 들키지 않았고 인민군은 다른 방향으로 갔다. 그날의 공포는 오래도록 잊히지 않았다.

떠돌고, 숨고, 공포에 떨던 많은 날이 지났다. 국군이 왔다는 소식에 살았다고 서로를 끌어안고 울음을 터뜨렸다. 아직 전쟁은 끝나지 않았다고 했지만, 위험했던 순간들을 무사히 넘긴 것에 감사할 뿐이었다.

그나마 전라도 지역은 남쪽이라 조금 일찍 수복되어 마을마다 다시 사람들이 돌아오기 시작했고 부서진 집을 고치고, 밭을 일구며 희망을 되찾아갔다.

겨우 전쟁의 악몽이 잊힐 무렵에 일어난 빨치산과의 대면은 귀순이에게 덧난 상처 같았다. 다행히 빨치산들은 다른 곳으로 옮겨갔는지 아버지의 약초 산행은 무사했다.

어느 날, 지서(파출소) 순경(경찰)들이 마을을 지나고 있었다. 머리가 긴 남자 둘을 잡아가고 있었다. 순경들 옆에 총을 어깨에 멘 두 사람이 팔이 뒤로 묶인 채 끌려가고 있었다.

얼굴은 뼈만 남아있었고, 흐린 동공은 멀리 있는 세상을 바라보는 듯했다. 이미 모든 것을 체념한 것 같았다. 둘의 머리는 여자보다도 길게 자라 허리께까지 내려와 있었다.

둘의 모습을 자세히 바라보다, 귀순이는 문득 오 년 전 그 밤이 생각났다. 총을 들고 찾아와 먹을 것을 내놓으라던 그들. 굶주림과 두려움이 서린 눈빛, 헝클어진 머리칼과 메마른 손. 단숨에 그들이 같은 사람들임을 알았다.

귀순이의 가슴 한구석이 싸하게 시렸다. 밤마다 마을로 가서 도둑질하고 협박하며 살아왔을 것을 생각하니, 차라리 일찍 나와 자수했다면 어땠을까 하는 안타까움이 밀려왔다. 오랜 세월 숨어서 살며 버텨온 삶이 얼마나 지옥 같았을까. 결국 이렇게 끌려가게 될 운명이었는데.

그들이 사라진 후에도 한참을 귀순이는 그 자리에 서 있었다. 사람들은 웅성거리며 욕했다.

"저 놈덜은 죗값을 치러야 혀. 얼매나 사람들을 겁나게 죽잇을 것이여."

"그리여. 감옥살이도 호사시런 거여. 저그덜 헌 짓거리를 생각허먼."

귀순이는 그날 밤 오랜만에 깊이 잠들었다. 아주 편하지는 않았다. 5년이 지나 1960년이 되었고, 열아홉 살이 되었지만, 꿈속에서 그녀는 여전히 어둠 속 오두막에서 숨죽이던 열네 살의 소녀였고, 긴 머리칼을 휘날리며 어딘가로 사라지는 두 남자의 그림자가 어른대고 있었다.

무명이라는 이름

 겨울의 자락을 놓지 못한 눈발이 느짓느짓 봄 안으로 왔다. 사월의 하얀 벚꽃 위로 다시금 흰 눈이 내려앉았다. 꽃샘추위로 여기기에는 너무 늦게 찾아온 추위. 다 피우지 못한 아름다움을 아쉬워하듯 꽃잎 곳곳에 차가운 입김과 싸운 흔적이 뚜렷하다.
 마음이 저렸다. 어디선가 끝이 시린 바람이 불어왔다. 봄과 겨울이 맞닿은 손끝을 상관하는 일이야 언제든 있었지만 상관하는 시간이 길면 봄은 내상을 깊게 입고 시작한다. 눈도 날리고 꽃잎도 흩날리는 형국이라니…. 한참 돋아나던 새순이 동그란 눈물을 맺고 있었다.
 봄이 무색하게 손이 시리다고 모닥불을 피우는 농장 식구들의 볼이 푸르스레하다. 비벼대던 두 손으로 얼굴을 감싸는 모습에 냉기가 전해진다. 점심시간을 앞당기자는 의

견일치로 손뼉을 치는 걸 보니 모두 아이 같은 어른이다.

점심을 일찍 마친 일행들은 봄기운이 예년 같지 않지만, 봄바람이 들었는지 싱숭생숭한 듯 마음을 모았다.

"어찌서 일허기도 좀 거시기헌게 밥도 꺼지게 매대마을 무명용사 매똥(묘)이나 한번 가보먼 좋겄어."

정읍댁이 눈치를 보며 입을 열었다.

"그먼 좋겄네. 가깝게 삼서 한 번도 안 가봤거만."

영광댁이 더 좋아했다.

"맻 년 전에 우리 동네 아지매들 서너 명이 매똥 풀 메로 가 봤는디 가 보먼 맴이 참말로 안 졸 것이여."

강경댁이 짠한 표정을 지었다.

"그리여 이~. 근방에 삼선도 사는 것이 바쁜 게로 가 보들 못혔거만."

백암댁이 살며시 말을 받았다.

매죽교를 지나 육칠백 미터쯤 갔을까? 〈산내 전몰 무명용사 묘〉라고 적힌 안내 표지판이 모습을 드러냈다. 곁엔 위령탑이 우뚝 서 있었고, 일행은 저절로 걸음을 멈추었다. 아직은 잡초도 제대로 얼굴을 내밀지 않은 텅 빈 주차장에 손님맞이라도 하는 양 서양민들레가 노랗게 손을 흔들고 있었다.

총을 들고 서 있는 어린 학도병의 모습이 그려진 조형물이 먼저 눈에 들어왔다. 그 앞에 서자 누가 말하지 않았는데도 말없이 고개를 숙였다. 바람 소리조차 조심스러워지는 순간이었다. 안내문에 적혀 있었다.

『국군 제11사단 13연대 3대대 12중대 소속 학도병 150명이 1950년 11월 13일 산내면 하매마을 인민군 소탕 작전에 투입되어 전원 장렬하게 산화하였다. 1951년 7월, 마을 주민들이 시신을 수습하여 한자리에 안치하였다.』

강경댁이 보통 때보다 목소리를 낮춰 몇 년 전 묘지에 풀 뽑으러 왔을 때 마을 어르신한테 들었던 이야기를 해줬다.

"여그를 송장배미라고 불렀대여. 국군하고 인민군이 서로 총질을 허고 싸운게로 산이나 들이나 송장이 널려 있었대여. 그때를 생각허시던 노인 양반 슬픈 얼굴이 눈에 삼

삼 허거먼. 지금은 그 양반이 돌아 가싰는디. 그렇게나 겁나게 죽은 사람들을 동네 사람들이 모두 여그다 묻었대여. 그리서 송장배미라고 불렀다고 허드라고."

 동학 혁명 당시에도 농민군의 시체가 논두렁에 널려있었는데 그곳에 비석을 세우고 송장배미라 새겨놨다. 애통한 일은 두 번 겪지 말아야 하는데, 56년을 훌쩍 뛰어넘어 송장배미를 또 하나 만들고 말았다는 사실에 가슴이 메어왔다.

 1987년 10월, 지금은 고인이 된 허병욱씨가 600제곱미터의 사유지를 기부하여 묘역이 정비되었고, 영령들의 숭고한 넋을 기리기 위해 이 위령탑이 세워졌다. 이제라도 편히 잠들었으면 하는 바람을 새기느라 한동안 말이 끊겼다.

 "아이고 이름도 냄기지 못허고 여그 이렇게 묻히여 있다고 생각헌게 참말로 아깝거먼."

 정읍댁 눈시울이 붉어졌다.

 "긍게 말이여. 총 말고 책을 들고 공부를 혀야 헐 학상들이였는디 시상을 잘못 만났당게. 지금 우리가 이러코롬 사는 것도 학도병들의 귀한 목심값 아니겄어. 여름에 우덜이 와서 풀이라도 한번 뽑아주야겄어."

 강경댁이 말하자 모두 고개를 끄덕였다.

 "그리여 존 생각이거먼."

'무명'이라는 말이 이토록 무겁고 가슴 아프다는 걸 몰랐다. 그들의 짧고 처연한 생의 끝자락에서 지켜낸 평화라는 걸 자주 잊고 지냈다. 지금 이 작은 언덕 위에 묵묵히 남아 있는 고마움을 제대로 알아주지 못하고 살았다고 가슴을 쓰다듬었다.

묘역 주변을 둘러 자라고 있는 목련이 정갈하게 빛나 보였다. 족히 오십 그루쯤 심어져서 우람하게 지키고 있었다. 꽃을 보니 아팠다. 만개했던 목련꽃이 갑작스레 찾아온 봄 눈에 시들어 제모습이 아니었다. 벌을 만나지도 못하고 떨어져 버릴 것 같았다. '무명'의 환한 이들에게 닥친 것이 차라리 봄눈이었더라면, 다른 봄을 기다리면 되었을 텐데 그런 눈이 아니었다.

"춘삼월에 눈이 온 것이 요상시럽거만. 나라가 시끄런게 철시도 미쳤나비어. 아! 여그 목련꽃이 시방 얼매나 이쁠 것인디 눈을 맞고 형편 없거만. 학도병들이 지대로 피지도 못허고 간 것 허고 똑 같으네. 목련꽃도 불쌍혀서 죽겄네."

유독 꽃을 아끼는 정읍댁이 목련을 쓰다듬으면서 위령탑을 올려다봤다.

"인제 고만 가서 일 허야제. 임 사장님 손해나면 안 되잖이여."

강경댁의 독촉하는 소리에 차에 오를 채비를 했다.

"그나저나 오늘 우덜 여그 오기 잘혔거만. 방학 때 손지들 오먼 데꼬 와야겄어. 배울 것이 많겄어."

백암댁의 말을 뒤에 남기고 오려는데, 배웅이라도 하듯 목련 꽃잎이 스르르 머리 위로 떨어졌다.

물살에 실려 간 돈

 하늘이 유일한 창이었다. 양쪽으로 높다란 산이 울타리이자 벽이 되어 마을을 감싸 안고 있었다. 매대 마을은 세상 끝에 있는 마을 같았다. 새벽이면 산그늘이 먼저 눈을 뜨고 닿는 곳마다 잠을 깨워주고는 산으로 돌아갔고, 하루가 저물 즈음이면 햇살이 옅은 회색의 이불을 덮어주고는 바람결에 실려 저 멀리 봉우리 너머로 사라지곤 했다.
 추령천은 매대마을을 조심스레 에두르며 흘렀고, 사람들은 강을 건너기 위해 돌을 하나하나 쌓아 다리를 놓았다. 고요한 물살에 놓인 돌다리는 말없이 마을의 역사를 품고 흘렀지만, 여름이면 어김없이 한차례 홍역을 치렀다.
 장맛비가 쏟아져 물이 불어날 때면 강은 벽처럼 서서 흘렀고 돌다리는 발버둥도 못 치고 거센 물살에 떠밀려가 버렸다. 여름의 큰물이 지나고 나면 마을 사람들은 한참을 떠밀려간 돌들을 끌어다 다리를 보수하는 울력을 다시 했다. 하늘, 돌, 강과 더불어 묵묵히 이야기를 지으며 매대 사람들은 그렇게 살았다.

　마을에 사는 소장수 설씨는 정읍 장날이면 미리 사놓은 소를 끌고 우시장으로 가거나, 장날이 아니라도 마을마다 다니면서 소를 팔고 샀다. 흥정이 잘되면 제법 많은 돈을 벌었다. 어느 날, 소를 팔고 집으로 돌아오는 길이었는데 때는 장마철이었다.

　장맛비는 철에 들어섰다고 해서 끊이지 않고 내리는 것은 아니었다. 하늘을 보고 날씨를 예측해야 했던 시절이어서 예고 없이 내리는 비를 만나기도 했다. 그날이 그랬고, 비구름이 두꺼웠는지 내리는 양이 만만치 않았다. 마을로 돌아올 무렵 빗줄기는 무서운 기세로 대지를 두들겼다. 산이 가까운 물은 삽시간에 수위가 오른다. 추령천은 이미 강폭이 평소보다 넓어진 상태였고 물살도 거칠었다.

바지는 벗어 목에다 두르고, 소 판 돈은 전대에 넣어 허리춤에 단단히 묶었다. 물의 기세가 대단했으나 집으로 돌아가야겠다는 생각이 결심을 굳게 했다. 불어나는 강물 속으로 발을 내디뎠다. 무릎을 적시던 물이 어느새 허리까지 차올랐다. 비는 그칠 줄 몰랐고 강물은 점점 더 성난 짐승처럼 울부짖었다. 설씨는 이를 악물고 한 걸음 한 걸음 앞으로 나아갔다.

바로 그때였다. 거센 물살에 허리춤의 전대가 풀려버렸다! 손을 뻗었으나 물살은 잔인했다. 힘없이 풀린 전대는 순식간에 물살 속으로 휩쓸려 가버렸다.

"아앗!"

탄식조차 거센 강물에 범벅이 되어 쓸려갔다. 정신을 차리지 않으면 자신마저 떠내려가고 말 상황이었다. 필사적으로 몸을 가누고 물살을 제치며 살아나왔다. 그는 아득했다. 힘겹게 살아가던 시절, 소 한 마리를 판 돈은 산골 마을에선 엄청나게 큰돈이었고, 가족의 명줄을 가름할 만한 액수였다. 허탈함에 몸을 가누지 못했다. 다리는 휘청거렸고 가슴은 터질 듯 아팠다. 마을에 이르러서 그대로 엎드러지고 말았다.

　소식을 들은 마을 사람들이 하나둘 몰려왔다. 모두 안타까운 얼굴로 설씨를 둘러쌌다.

"물이 불면 딴디 가서 자고 빠지면 오지 그맀어."

"소 판 돈을 꼬누는 강도들이 많응게 어떠코롬 허든지 집으로 올라고 헜겄지."

"아이고! 그리도 이러코롬 살아서 왔응게 얼매나 잘헌 것이여."

"그리여. 돈이야 새칠로 벌머는 되잖이여. 집이가 잘못되았으면 식솔들은 어쨌겄어. 긍게로 심내야지. 심!"

　근심 어린 말들 밖에 딱히 해줄 게 없었다.

　어떤 말도 그의 상심을 위로해 주지 못했다. 열흘이 넘게 앓아누웠다. 무거운 한숨이 끊이지 않았고 그날의 기억이 머릿속을 떠나지 않았다.

　소장수의 애달픈 돈과 시간이 자갈돌이 되어 흩어졌지만, 추령천은 아무 일도 없었다는 듯 흘렀다. 강물이 흘러가듯 그는 다시 일어나서 오직 가족을 건사한다는 생각으로 바닥짐을 삼았다.

　남의 일은 얼마 지나지 않아 사람들의 입에 오르내리지 않는 법인지, 까마득히 옛날이야기가 되고 저마다의 일상으로 분주했다.

매대마을 아래에 사는 한 남자는 매일 아침 망태를 메고 부인은 주먹밥을 품에 안고 집을 나섰다. 추령천으로 향하는 길은 언제나처럼 고즈넉했다. 두 사람의 발소리는 부드럽게 풀잎 사이를 스쳤다.

부부가 도착한 곳은 강변의 모래톱. 달뿌리풀이 바람에 살랑거리고 있었다. 무성한 풀을 베어 꼴을 마련하는 듯했다. 어느 날 그 집 아이는 친구들에게 철없는 수다를 떨었다.

"우리 어매랑 아부지는 소 깔 비러 가먼 돈을 캔다고 혔여."

아이들에겐 흥미롭지 않은 이야기였다. 돈은 땅에서 캐는 게 아니라는 것쯤은 아는 나이였다. 아무도 귀담아듣지 않았다. 열심히 일해야 한다는 잔소리쯤으로 알아들었다. 지금 생각해보면 그 말속에 깊이 감춰진 비밀이 있었을지도 모른다.

물을 따라 흘러가 버린 돈도 어딘가에는 닿았을 것이다. 모래톱에 닿고, 달뿌리풀 사이에 걸리고, 자갈들 사이에 깔렸을 수도 있다. 꼴을 베던 부부에게 우연히 발견되었을 수도 있다. 한참 지난 후에 마을 청년들이 투망을 치러 강변에 갔다가 작은 바위 밑에서 돈을 주웠다는 소문도 있었다. 가난한 살림살이가 입을 막았을 수도 있다. 알 수 없는 일이었다.

　비밀을 품은 채 60여 년이 지났다. 돈을 잃어버린 사람도 주운 사람도 모두 세상을 떠났다. 달뿌리풀이 있던 곳엔 무심한 바람이 출렁거리고 있었다. 아무도 묻지 않고 아무도 말하지 않은 비밀을 감싸 안고 시간은 그렇게 흘러버렸다.

　1988년 10월 28일에 착공하여 1990년 6월 10일에 다리 하나가 완공되었다. 매죽교는 매대마을을 열어줬다. 다리가 놓인 날, 교량 폭 8미터, 총연장 78미터의 긴 다리를 누군가 건너고 있었다.

　늦게나마 한풀이해 주는 듯 탄탄하게 놓인 다리를 소장수가 손에 전대를 소중히 들고 뚜벅뚜벅 걸어가고 있었다.

제 **4** 부

어둠을 지나 보이는 꽃

그냥 놀이였어

 기다리던 봄기운이 스며드는가 싶더니 아침 창밖이 평소와는 다르게 환했다. 아주 밝지도, 아주 흐리지도 않은 환함이었다. 창밖을 보니 풍경이 눈발로 가려지고 있었다. 하늘에서 소리 없이 내려앉은 눈송이가 세상을 부드럽게 덮으며 겨울의 마지막 정을 붙잡고 있었다.
 정읍댁을 데리러 나서는 길, 하얀 눈이 자꾸만 말을 걸었다. 우수가 지나면 눈이 비가 되어 흐른다는데, 하얗게 덮어두고 떠나야 할 미련이 아직 많이 남아있었나 보다.
 꽃을 기르는 일은 눈의 시절에 할 일이 아니지만, 문명은 눈의 시절에도 꽃을 내내 생각해야 하는 직업을 만들어냈다. 꽃과 문명은 거리가 있을 듯한 조합인데 그렇지 않게 된 것이다. 그 일을 나의 일로 갖다 보니 눈 내리는 모습을 보고 있으면 걱정이 함께 내린다.

다행히 굵은 눈송이가 아니고, 떡가루처럼 고와서 하늘과 땅 사이를 살포시 떠돌며 내리고 있었다. 그렇다고 기온까지 다행인 것은 아니다. 어떤 형태로 눈이 내리든 기온이 시리도록 차가워져 있다는 사실까지 부정할 수는 없으니까. 다행 반 걱정 반의 마음으로 앞차의 바퀴 자국이 고스란히 남아 길잡이처럼 안내하고 있는 길을 조심스레 기어를 저속으로 맞추고 나아갔다.

한겨울이었다면 고운 가루눈은 차곡차곡 쌓여 쉽게 녹지 않을 텐데 이제는 봄기운에 길게 고집을 부리지 못할 테니 겨울의 마지막 인사라 치고 조용히 맞아주고 싶었다.

정읍댁은 머리에 눈을 이고 서 있었다. 입김을 내뿜으며 움츠러든 모습이 눈 속의 한 그루 나무 같았다. 모자를 벗어 옷의 눈을 털어내며 차에 오르는데 눈송이들이 그녀의 어깨를 떠나 바람결에 흩어졌다.

"시상이 꺼꿀로 가는 게비여."

아직 떠나지 않는 겨울과 눈을 크게 대접한 푸념이었다.

정읍댁을 태우고 돌아오는 길엔 퍼붓던 눈이 언제 그랬냐는 듯 그쳤다. 변덕스럽게도 해가 떴다. 눈은 바닥에 녹아 투명한 물줄기를 만들며 낮은 곳으로 흘러내렸다. 떠나기 싫다며 눈물을 흘리는 것처럼 보였다.

"호랭이가 장개 가는 갑네."

정읍댁이 해를 올려다보며 툭 내뱉었다.

"아니야. 호랑이 장가가는 날은 해가 떴다가 갑자기 비가 내리는 거지."

"고것이 고것이잔이여?"

정읍댁이 눈을 동그랗게 뜨고 쿡쿡 웃었다. 고개를 저으며 전설 이야기를 해줬다.

"옛날에 구름이 여우를 사랑했대. 그런데 처음에는 여우가 구름의 마음을 받아주는 것 같더니 어느 사이 마음이 변해 호랑이와 결혼하기로 하고 구름 곁을 떠나버렸대.

여우와 호랑이가 산속에 사는 짐승들을 모두 초대하여 성대하게 결혼식을 치르는데 구름이 몹시 슬피 울었대. 구름의 눈물이 비가 되어 내렸대. 그래서 맑다가 갑자기 비가 내리면 호랑이 장가간다고 했다네요."

"으 응~ 고런 이야기가 있었거만. 아! 근디 저그 좀 봐. 산수유 꽃이 쪼끔 있으먼 피겄네."

산 아래 양지바른 밭에 산수유나무 가지마다 노란빛이 완연했다. 꽃망울 속에서 웃음소리가 새어 나올 것만 같았다. '그래, 봄은 작은 꽃송이들의 미소로부터 시작되었지' 하는 생각이 새삼스럽게 찾아들었다. 새삼스러운 마음으로 봄을 맞고, 여름을 맞고, 가을, 겨울을 맞았다.

'새삼스러운 생각'이 없었다면 일정한 간격을 두고 다시 돌아왔다가 다시 떠나는 것들을 어떻게 눈치챌 수 있었을까. 그렇게 돌아오고 떠나는 것들이 쌓여 시간이 되고 나이가 되는 줄을 깊이 생각이나 했을까. 변화 없이 쌓이기만 했더라면 눈치채지 못하는 것들이 많았을 테고, 어쩌면 나이도 그랬을지 모른다.

"시상이 후딱 지나강 것 봉게 맴이 이상시러. 우덜도 죽는 날이 가까워지잔이여."

정읍댁이 나지막이 말하며 산수유 밭두렁을 바라봤다.

"인제 나숭개(냉이)도 나왔을 틴디 한번 캐로 가면 쓰겄어."

정읍댁은 봄나물을 이야기하다가 옛 추억을 꺼내 들었.

마을 처녀들이 바구니를 들고 산과 들로 갔다. 나물 캐러 간다고 나섰지만 정작 마음속엔 웃음과 장난뿐이었다. 살랑거리는 바람결에 머리카락을 날리며 진달래꽃을 꺾어 머리에 꽂고 흙밭 위를 한바탕 뛰다 보면 어느새 해가 기울었다.

집에 돌아갈 시간이 되니 걱정이 밀려왔다. 냉이, 깐밥나물, 좁쌀백이, 머슴들래, 꿩나물 등 미리 캐놓은 나물은 마를까 봐 흙을 파고 묻어 놓았지만, 파내고 바구니에 담아 보니 반 바구니도 되지 않았다. 집에 가면 영락없이 꾸지람을 들을 판이었다.

제4부 ____ 어둠을 지나 보이는 꽃

"야들아. 너물을 쬐끔 캐가꼬 집에 가면 머라고 들을 틴디 어쩐다냐? 너물 칼로 점이라도 쳐 봐야겄어."

칼점은 아이들의 근심을 점쳐보는 놀이 같은 주술이었다. 칼을 떨어뜨려 밭에 꽂히는지 알아보는 것이었다. 손을 떠난 칼이 반듯하게 꽂히면 그날은 무사히 넘어갈 것이고, 칼이 넘어지면 혼날 거라고 가슴을 졸였다. 보이지 않은 밭 속의 흙이 어떤 상태인지에 따라 결정되는 일이었으니 운에 맡기는 일이었다.

한참이나 멀고 멀어진 그때의 웃음과 걱정의 순간들을 떠올리며, 소리 내어 웃고 가는데 앞서가던 차들이 두 눈을 깜박거리며 속도를 줄이고 있었다. 도로 어느 지점에 닭을 싣고가던 커다란 트럭에서 떨어진 닭 서너 마리가 도

로에 웅크리고 있었다. 삼계탕용으로 팔려 가는지 아직 덜 자란 닭이었다. 먹고 사는 일의 무서움 때문에 눈을 감고 지내지만, 막상 그런 모습을 만나고 보니 짠한 마음을 지울 수 없었다. 정읍댁이 말을 이었다.

"그전에는 저런 달구 새끼를 보면 눈을 뒤집어 까고 주서 갔을 턴디."

닭을 보니 어릴 적 동네에서 닭서리 하던 생각이 난다고 빙그레 웃으며 이야기를 시작했다. 달빛이 희미하게 비추던 밤이면 동네 아이들은 조용히 모여들어 서로 은밀한 눈짓을 주고받으며 계획을 세웠다.

그날은 철수네 닭을 서리할 차례였다. 무리의 맨 앞에 있던 철수가 발소리를 죽이고 조심스럽게 손을 뻗는데 예상치 못한 일이 벌어졌다. 막 닭을 잡으려는 순간 커다란 수탉이 날개를 퍼덕이는 바람에 온 닭들이 꼬꼬댁거렸고, 잠자던 어른들이 "어이! 어이!" 하며 뛰어나왔다. 간혹 살쾡이가 와서 닭을 잡아가는 일이 있었기 때문이었다. 아이들은 혼비백산하여 흩어졌고 그 밤의 닭서리는 실패하고 말았다.

얼마 후 철수는 창피함을 만회하기 위해 다시 도전을 선언하고 닭장으로 접근했다. 가만히 닭장 문을 열고 닭의 모래주머니를 살살 긁어주며 가만히 보듬으면 소리를 지르지 않는다는 걸 안 것이다. 철수는 닭을 조용히 품에 안고 도망하는 일에 성공했다. 서리한 닭은 냇가에 있는 움푹한 비밀 아지트에서 구워 먹었다. 지금 이런 이야기를 하면 도둑질했다고 뭐라 하겠지만 그땐 그게 그냥 놀이였다.

그 후에 정읍댁네 닭서리도 순조롭게 잘 마쳤는데, 어느 날 정읍댁이 잠꼬대하는 걸 정읍댁 아버지가 듣고 알아차렸는지 전과 달리 미워하는 것 같았단다. 저녁이면 밖에도 못 나가게 하고 동생들하고 집에서만 놀라고 해서 답답해 죽을 지경이었단다.

심통을 풀 길이 없던 어느 날 에라! 동생들 머리나 깎아야지 하고 머리카락이 옷에 묻을까 싶어 벌거벗겼단다. 박바가지를 머리에 씌우고 가위로 빙 돌아가며 잘랐는데, 해질 녘 들에서 돌아온 아버지가 동생들 머리를 보고 놀라서 소리를 높이셨단다.

"이놈의 가시내가 이쁜 머시매들 인물을 다 배려놨당게. 어쩐대여. 어찌서 그로코롬 말짓만 헌다냐."

정읍댁은 저녁도 못 먹고 골방에 숨어야 했는데, 골방에 웅크리고 앉아 봉창으로 스며드는 달빛을 보니 서러운 마음이 죽순처럼 쑥쑥 자라더란다.

"나는 아매도 어디서 주서 왔나비여…"

서러운 생각에 한참을 소리죽여 울다가 잠이 들었단다.

날이 밝자 배에서 꼬르륵 소리부터 났는데, 슬그머니 밖에 나가보니 어머니가 고구마를 삶았는지 껍질을 벗겨 하나를 주시더란다.

"엊저녁도 못 먹었응게 배고프지야?"

고구마는 따뜻했고, 어머니의 사랑처럼 달았단다. 그날 이후 아버지도 크게 나무라지 않으셨단다. 가끔은 못마땅한 듯 혀를 차시는 일도 있었지만, 팔베개를 해주시던 날도 있었단다.

"팔비개를 해주었던 것 봉게 주서온 것은 아닝가비어."

슬픈 마음이 그렇게 사라졌단다.

이야기를 듣다 보니 어느새 농장에 도착했다. 먼저 출근한 사람들, 나무 사이를 날아다니며 반기는 새들과 서로서로 인사를 나누며 하우스로 들어갔다. 납품할 원추리 뿌리를 촉이 두 개 있으면 하나씩 쪼개고, 셈을 잘하는 사람은 숫자 세는 일을 맡았다. 그렇게 하루를 열며 정을 쌓았다.

철수 아부지 죽었는 갑네

 봄바람이 때에 맞지 않게 차다. 양지바른 곳에는 벌써 봄까치꽃이 피었는데, 응달에 남아있던 눈이 제 아쉬운 기운을 사방으로 흩뿌린 탓일까. 비닐하우스 한쪽이 찢겨 바람에 펄렁거린다. 비닐 자락은 겨울의 창호지 문풍지처럼 바스락거리며 멈춰 있는 겨울과 속삭이고 있다.
 누군가의 주머니에서 휴대전화 알람 소리가 어린아이의 낭랑한 목소리로 퍼진다.
 "열두 시!"
 고개를 숙이고 일에 빠져있던 두월리댁이 반색하며 말했다.
 "아이고 집이 손지딸은 말도 참말로 똑똑허게 잘 허네. 목소리도 이쁘고."
 사람들은 순진한 두월리댁의 말에 손뼉을 치며 웃었다.

"아니? 사람이 말허는디 어찌서 웃는대여?"
"손지딸이 아니고 저그 전화기에서 나는 소리그먼."
두월리 댁은 눈을 동그랗게 뜨고 놀란 표정을 지었다.
"참말로 존 시상 이여라우. 밸시럽네."
점심 먹으러 갈 채비로 옷깃을 여미고 몸을 털어내는 모습으로 분주했다. 차에 올라 도란거리며 가까운 식당으로 향했다. 오늘의 메뉴는 다슬기 수제비. 따뜻한 국물 생각에 기대가 일렁였다. 금세 한 상이 차려졌고, 허기가 말문을 막고 먹는 문만 열어놓았는지 다들 모락모락 피어오르는 따뜻함을 조용히 씹었다.

농장으로 돌아올 때는 다른 길로 접어들었다. 도통바위를 바라보며 송감 앞을 지나오는데 강 건너 구절초 공원이 겨울을 견디며 조용히 웅크리고 있었다. 한때 바람에 흩날리던 하얀 꽃물결도 지금은 자취를 감춘 채 다가올 계절을 기다리고 있었다. 차 안에 잔잔한 침묵이 흐르던 순간 두월리 댁이 문득 말을 꺼냈다.

"우덜 동네사람들이랑 여그 냇갈에 철렵을 와가꼬 겁나게 재밌었재이~ 안 그렸어?"

일행은 모두 기억을 더듬었다. 백중날이면 마을 사람들은 어김없이 천렵川獵 준비에 분주했다. 여자들은 쌀과 간단한 양념거리를 꾸리고, 남자들은 물고기 잡을 도구들을 준비했다. 작살, 대망치, 대나무를 잘라 만든 피리 낚싯대, 족대까지 빠짐없이 챙겨 소달구지에 실었다. 그중에서도 빠뜨리지 말고 꼭 챙겨야 할 중요한 것은 어머니가 빚은 동동주였다. 술독을 조심스레 싣고 나면 천렵의 흥이 이미 절반은 오른 것이나 다름없었다.

 마을에서 가장 젊고 날쌘 사람은 작살질을 맡았다. 물안경을 끼고 큰 바위 밑 깊은 곳으로 몸을 던져 거꾸로 잠수했다. 한참 기다려도 나오지 않으면 어린아이들은 소리치면서 울고 난리였다.
 "철수네 아부지 죽었는 갑네!"
 그 순간, 물을 두 발로 힘차게 차며 커다랗게 숨을 내뿜고 나오는 철수아버지의 작살에는 제법 큰 쏘가리가 꿰어 있었고 그 모습을 본 사람들은 안도와 함께 환호하며 손뼉을 쳤다.

힘이 좋은 사람은 대망치를 들었다. 작은 바위를 힘껏 내려치면 그 속에 숨어있던 물고기들이 순간 기절하여 물 위로 두둥실 떠 올랐다. 옆에서 기다리던 사람이 재빨리 소쿠리를 집어넣어 건져 올렸다.

어떤 이는 가짜 파리가 달린 낚싯대를 들고 낮게 흐르는 여울목에서 피리를 잡았다. 나머지 사람들은 족대를 들고 강 가장자리 풀을 헤쳤다. 물과 땅이 맞닿은 곳에 경계의 긴 띠를 이룬 풀숲에 발을 넣고 구르면 놀란 물고기들이 허둥대며 족대 안으로 들어왔다.

그러는 사이 여자들은 커다란 솥단지에 준비해 온 장작으로 불을 지펴 옥수수를 삶았다. 어느새 잡은 고기가 양동이에 가득 찼고 남자들이 고기 배를 가르고 깨끗이 손질해 넘겨주면, 본격적인 어죽 끓이기가 시작되었다. 땀에 젖은 이마를 식혀주는 강바람을 맞으며 칠월의 뜨거운 햇빛도 같이 놀았다. 사람들은 정겨운 이야기꽃을 피우며 한 솥 가득 보글보글 끓어오르는 어죽을 기다렸다.

물고기는 푹 끓여야 제맛이 난다면서 한참 동안 삶아낸 뒤 뜨겁게 익은 고기를 조심스레 헤집으며 소쿠리에 걸렀다. 강물 냄새도 실려와 콧속을 간질이면 더욱 재촉했다.

"언지 된대여? 기달리다가 죽겄는디. 목구녕에 침 넘어 가는 소리 안 들린갑서."

"성질이 겁나게 급한개비요. 옛말도 몰라라우? 바늘허리 다 실을 짬매가꼬 못 쓴다고 혔잔이요."

거른 국물에 미리 씻어 불려둔 쌀을 넣고 갖은양념을 더해 한소끔 끓이니 드디어 어죽이 완성되었다.

어죽을 앞에 두고 사람들은 기다렸다는 듯 숟가락을 들고 구수한 맛이 혀끝을 감싸는 기분을 즐기며 내리쬐는 햇볕도 아랑곳하지 않았다. 몇 그릇을 해치우는지 헤아리며 배를 두드리며 웃었다. 아침 일찍 따온 싱싱한 오이를 쩍쩍 찢어 고추장에 푹~ 찍어 먹으면 아삭한 식감이 입맛을 돋웠다.

옆에는 삶은 감자, 쫀득한 옥수수 등 다른 먹을거리들도 넉넉했지만, 무엇보다 큰 기쁨을 준 건 어머니가 정성껏 빚은 동동주였다.

노란 양재기 술잔이 오가며 얼굴이 붉어질 즈음이면 사람들의 흥도 한껏 달아올랐다. 술이 빠지면 재미도 없지 않겠냐며 잔을 부딪치다 보면 어느새 노랫소리가 터져 나왔다. 먼저 한 사람이 〈오동동타령〉을 부르면, 곧이어 누군가 〈신라의 달밤〉을 불렀다. 부르는 사람의 꺾기는 일품이었다.

"아~ 신라의 밤~~이~~여~~~."

"어머님의 손을 놓고 돌아설 때엔"

뒤이어 〈비 내리는 고모령〉이 이어지면 여자들은 거의 다 옷소매가 눈으로 갔다.

한참을 놀다 지치면 몸을 식히러 강물로 뛰어들었다. 어른, 아이 모두 옷을 입은 채 '풍덩' 소리를 일으키며 시원한 물살에 몸을 맡겼다. 어린아이가 된 듯 손을 휘저으며 물장구를 치고 서로 물을 튀기며 메아리가 울리도록 웃었다.

신나는 하루였다. 어죽도 배불리 먹고 동동주도 몇 순배 돌고 나니 얼굴도 벌겋게 달아올랐다. 사람들은 둥글게 모여 앉아 이야기꽃을 피웠다. 자연스레 뒷산 도통바위 전설로 흘러갔다.

"저그 도통바우 말이여. 참말로 요상시럽게 생겼잔이여. 저그서 도를 통헌 사람은 널러 댕깄대여. 축지법을 써가꼬 여그 산서 저그 산을 널러 댕깄대여."

"에이! 그건 부앙떠는 이애기지. 어뜨게 사람이 널러 댕긴대여?"

한두 번 들은 이야기는 아니었고, 궁금해서 친구들과 도통바위에 올라간 적이 있었다. 몇 시간은 올라가야 할 만큼 가파르고 위험했지만, 호기심을 참지 못하는 아이들의 무모한 경험이었다. 도통바위 밑에서 맑은 물이 솟아 바위 안에 옹달샘이 만들어졌는데 몇 명이 앉아 있을 만큼 넓기도 했다. 정말 매력적인 건 탁 트인 풍경이었다. 세상을 다 안고 아우르는 듯한 풍경이 눈에 삼삼하지만, 지금은 다시 갈 용기가 없다.

전설은 전설을 낳고 한마디씩 보탤 때마다 점점 커졌다. 어느 순간 송감 길옆에 세워진 여산송씨 비석 이야기로 바뀌었다.

"저그 저 비석 이얘기 아능가 몰러. 다른 디로 매똥을 맹글었는디 호랭이가 매똥을 파가꼬 삭신을 저그 비석자리다 갔다 놓았대여. 새칠로 묻으면 또 파서 갔다놓고 헌게 헐 수 없이 저그다 매똥을 맹글고 여산 송씨들 후손이 잘 되얏다고 허드라고."

"아이고 그것을 어뜨게 믿는당가. 그냥 허는 이얘기겄지."

"아니. 근디 자네는 어찌서 말 끄트리마다 초를 친대여? 기분이 겁나게 나쁘그먼."

분위기가 싸늘해졌다. 서로 얼굴을 붉히며 목소리가 커졌다. 어깨가 으쓱거리고 주먹이라도 오갈 판이었다. 보다 못한 사람들이 달려들어 뜯어말렸다.

"빌 것도 아닌디 어찌 쌈꺼정 헌데여. 넘 일 갖고 그러면 쓰겄어? 이러코롬 존 날에 말이여. 아그들이 보잔이여."

팽팽하던 분위기가 누그러지고 두 사람은 머쓱하게 뒤통수를 긁었다. 흠칫거리며 헛기침하다 봉초 담배를 주머니에서 꺼내어 한 대 말아 피더니 연기를 길게 내뿜었다. 곁에서 지켜보던 부인이 잘 알아듣지 못할만한 소리로 한마디 했다.

"아이고 술만 먹으면 저리여. 아! 술을 똥꾸녕으로 먹는 개비여."

여자들이 뒤돌아서서 킥킥거리고 웃었다.

그날의 싸움은 누가 이긴 것도, 진 것도 아니었다.

그때 그날의 이야기를 기억하고 함께 웃었다. 그런 날이 다시 오지 않을 거라고 하며 음~음~ 입안에 소리를 하며 머리를 주억거리니 어느새 농장에 도착했다. 비닐하우스 안으로 들어가는데 비닐 한 자락이 노래라도 부르는 듯이 문풍지 떠는 소리를 냈다.

바다로 간 추령천

내장산 신선봉에서 비자림을 지나오는 동안에 푸른 빛으로 치장한 작은 물줄기가 대가리와 화양계곡, 서마리 골짜기의 품에서 살던 물을 만났다.

하나가 된 물줄기의 속내는 다르지 않았다. 어둡고 깊은 땅속을 헤매다 세상 밖으로 나왔다는 생각이 먼저였다. 처음 마주한 따사로운 햇살, 반갑게 속삭이는 나무들, 경쾌한 노랫소리를 들려주는 새들, 살랑이는 바람과 어우러지며 물은 옥죄이던 벽을 벗어나는 자유를 느꼈다.

그리고 이내 깨달았다. 깊은 땅속에서 세상 밖으로 모습을 드러내는 순간, 물은 더 이상 한 자리에 머물 수 없다는 것을. 다른 연원을 지나온 물과 만나 하나가 되는 순간, 합쳐진 무게를 받아 줄 곳을 향하여 위에서 아래로, 흐름을 따라가야만 한다는 순리를.

그런 순리를 깨달은 물은 강에서 새로운 물을 만나기 시작했다. 어은리에서 내려온 물이 백양꽃과 원추리의 소식을 전해주며 반가워했다. 뒤를 이어 순창 복흥 밀재 밑 작은 저수지에서 머물다 온 물이 다정한 인사를 건넸다. 그 물들과 하나가 되어 함께 가던 중, 송정마을 계곡에서 숨가쁘게 달려온 물을 만났다.

"나가 살던 디는 능이버섯이 엄청시럽게 많응게 초가실(초가을)이 되면 사람이 얼매나 많이 오능가 시끄러 혼났당게. 고건 그리도 참을만 헌디 그놈의 멧돼야지 새깽이들이 똥을 싸 댕게 코창이 떨어 질라고 혔거만."

모두 깔깔거리며 웃음꽃이 피다 보니, 어느새 평평한 저수지에 이르러 잠시 쉬어가기로 했다. 그 사이 송정마을 계곡의 물도 하나가 되었다.

눈 앞에 펼쳐진 풍경에 물은 한동안 넋을 잃었다. 기암절벽이 위엄 있게 솟아 있고, 비탈진 바위 틈새에 부처손과 구실사리가 손짓했다. 숨을 고른 후 다시 길을 나서는데 담양 추월산을 등지고 있던 계곡물이 다가와 연수원 이야기를 들려주었다.

"대법원 연수원이라는디 뱁 이애기는 잘 몰르겄고 그 여피 산에 봄이머는 금낭화와 복수초가 징그럽게 많이 핀당게."

자랑스러운 듯 어깨를 으쓱했다. 으쓱거리는 물의 이야기

를 듣고 있는데 상송마을에서 온 물이 다급히 길을 막았다.

"여그는 낙덕정이라고 허는디 조선시대 임금님이 세자 시절 때 선상님이었던 김인후 선상을 생각혀서 그 아들래미가 맹근 모종이래여."

모두 고개를 끄덕이며 천천히 주변을 둘러봤다. 조금 더 내려가니 초대 대법원장 김병로 선생의 생가터가 나타났다. 대한민국의 첫 대법원장이 바로 이 시골 출신이라는 사실에 감탄을 연발했다.

더 많은 이야기를 품은 물이 되어 십오 리쯤 가보니 훈몽재가 모습을 드러냈다. 1545년, 을사사화가 일어나자, 김인후(1510~1560) 선생이 고향으로 내려와 제자들을 가르치기 위해 세운 학문 터. 물은 숙연한 마음으로 풀잎을 어루

만지며 조용히 지나갔다.

얼마 지나지 않아 또 하나의 정자가 나타났다. 영광정迎狂亭. 독립운동가 금옹 김원중과 동지들이 경술국치庚戌國恥(1910. 8. 29)로 일제에 빼앗긴 나라를 되찾기 위해 이 정자를 짓고 모였는데, 일제의 감시를 피하려 미친 사람처럼 행세하며 뜻을 도모했던 곳이라는 걸 알고 물은 깊은 파장을 일으켰다.

영광정을 지나오다 문득 고개를 들었다. 저 먼 산 위 절벽 사이에 하얀 폭포가 부서져 내렸다. 꼭대기 어디에서 물이 있어 폭포를 만드는 걸까. 신비로워하고 있을 때 신도 마을을 빠져나온 폭포 물이 불평을 늘어놓았다.

"높은 디서 떨어져가꼬 뼉다구가 아퍼서 죽겠거만."

투덜대며 어리광을 부렸다. 일행은 피식 웃고 다독이며 걸음을 옮겼다. 이들의 여정은 계속되었다.

쌍치 여분산에서 내려온 계곡물은 제법 살이 올라 통통한 모습으로 뒤뚱거리며 왔다.

"여그는 산삼도 나오는 디라 나가 이러코롬 살이 쪘당게."

으스대며 자랑을 늘어놓았지만, 아무도 대꾸하지 않고 묵묵히 가는데 내동마을 계곡물이 국사봉 철쭉밭 이야기를 떠들썩하게 늘어놓으며 다가왔다. 이렇게 순창군 복흥과 쌍치의 계곡물까지 합세하여 추령천을 이루며 흐르게 되었다.

 정읍 산내에 도착했다. 매대마을 먼 계곡에서 흘러온 물은 다른 물줄기와 달리 한숨을 쉬었다.

 "내 맴이 아퍼 죽겄네. 6.25전쟁 때 훈련도 못 받고 나온 학도병들이 몰살을 당혀서 합쳐가꼬 매똥을 맹그렀거만. 무명용사탑을 봄서 공산당 놈들 욕을 험서 왔당게."

 그 말을 듣던 물 일행은 한동안 말없이 혀를 차며 느린 걸음을 옮기는데, 앞에서 누군가 헐레벌떡 달려왔다. 진상골에서 내려온 계곡물이었다.

 "그놈의 산개구리 새깽이들이 심사치기를 하는 통에 삐틀거림서 오니라고 힘들었당게."

 물은 자신이 세상의 모든 감정을 품어 안은 느낌이었다. 하나이자 모두인 물은 진상골 계곡물을 어깨동무로 품고 송감 앞에 다다랐다. 야트막한 소나무 동산이 보였다. 옥정호 구절초 지방 정원이었다. 꽃이 없는 때라도 은은한 향을 느낄 수 있었다. 씁쓸한 향기에 모두 걸음을 멈출 수밖에 없었다. 꽃이 피는 시절에 도착했다면 꽃향기에 넋을 잃었을 거라고 한마디씩 거들었다.

 추령천에게 떠오르는 모습이 있었다. 먼 시절, 구절초 지방공원이 없었을 때의 송감 앞 냇가는 언제나 사람들로 붐

볐다. 시골 처녀들의 놀이터였다. 봄이면 다랑논에 모내기를 마치고 깨도 심고 고추도 심고 옥수수도 심고 나면 온몸이 땀에 절여질 때쯤에야 한숨 돌릴 수 있었다.

처녀들은 때를 놓칠세라 대바구니를 옆에 끼고 강으로 줄달음질 쳤다. 물속에서 빤짝이는 다슬기가 그녀들을 기다리고 있었다. 옷을 훌훌 벗어 던지고 팬티 바람으로 뛰어들었다. 가장 인기 있던 다슬기는 '뺀질이' 다슬기였다. 물살이 세고 맑은 곳에 사는 녀석이라 더욱 귀한 맛이 났다. 물이 고여 흐르지 않는 곳에 사는 말다슬기는 껍질에 줄이 쳐지고 쓴맛이 나서 인기가 없었다.

환한 낮보다는 밤을 더 좋아하는 다슬기는 그 시간이면 돌 틈이나 돌 밑에 숨어있었다. 손바닥만 한 돌 하나에 몇 마리씩 있으니, 신이 나서 부지런히 손을 놀렸다. 돌 밑에는 다슬기도 있었지만, 거미줄처럼 집을 짓고 그 안에 사는 벌레도 있었다. 그 징그러운 벌레가 예쁜 잠자리 유충이었다니. 참!

얼마쯤 잡고 나면 재미있던 일도 싫증이 났다. 처녀들은 으레 물속에 넓적하게 깔린 바위로 모였다. 바위 미끄럼틀이었다. 매끄럽게 깔린 바위를 타고 내려오며 깔깔대다가 옆으로 미끄라지곤 했다. 팬티에는 물때가 묻고 온몸이 퍼런 물이끼투성이가 되었지만 즐겁기만 했다.

그렇게 한참을 놀다 보면 입술이 새파랗게 변하고 몸이 떨리기 시작했다. 물 밖이 아무리 더워도 물속은 차가웠다. 즐겁게 노는 사이 차가운 물이 조금씩 몸에서 온기를 앗아갔다. 누군가 소리를 쳤다.

"야덜아! 추워서 죽겄는디 여그 저그 댕김서 낭구 가쟁이를 주서 와야겄어야. 불을 때야 허겄어. 안 그러면 얼어 죽겄다. 후딱 주서 오그라."

냇가 옆에 널려있는 마른 나뭇가지를 주워 불을 피웠다. 불꽃이 일렁이면 앞에 앉은 아이는 머리카락을 태워 노랑내(노린내)가 났지만 따뜻할 때까지 불을 쬐었다. 몸이 녹으면 다시 바위 미끄럼틀로 달려갔다. 그렇게 다슬기를 잡고 물놀이하며 추위에 떨었어도 누구 하나 감기에 걸리지 않았다.

추령천은 그런 추억을 떠올리며 생각에 잠겼다. 저 옛날, 이곳을 뛰놀던 처녀들의 모습을 상상하는 듯 먼 산을 바라보았다. 계절이 흘러가고 세월이 바뀐 지금 그 웃음소리가 들리기라도 한 것처럼.

백여리 물길을 흘러온 추령천의 강물은 오면서 많은 풍경을 보았다. 강가 옆, 큰 노송이 우뚝 서서 내려다보고 있을 때 백로 한 마리가 머리를 갸우뚱하며 앉아 있었다. 자신도 이 흐름 속에서 무엇을 해야 할지 고민하는 듯했다. 흘러온 길에서 만난 물풀들이 몸을 흔들며 속삭였다. 달뿌리풀, 큰고랭이, 부들, 줄풀, 매자기, 갈풀, 큰가래, 남개연꽃, 창포, 마름…. 이름조차 외우기 어려운 물풀들이 손짓하며 같이 놀자고 붙잡아도 추령천은 쓴웃음을 지으며 흘러왔다. 그것이 추령천의 운명이었다.

이제 남부군 영화 촬영지였던 만경대만 지나면, 옥정호 깊은 곳으로 스며들어야 한다. 호수에 잠시 머물다가 때가 되면 취수구로 들어가 긴 터널을 타고 칠보발전소로 곤두박질쳐질 테고. 동진강을 따라 드넓은 평야를 구경하며 서해로 향해 가야 한다.

지나온 시간, 스친 풍경, 함께 했던 모든 것들과 작별하며, 추령천은 묵묵히 다시 길을 나섰다.

바람이 아는 흔적

　출근길의 공기가 낯설게 찼다. 그보다 더 차가운 날들이 올겨울만 해도 숱했으나 지금은 4월, 사월의 아침 온도가 섭씨 2도까지 내려가다니. 계절도 잠시 숨을 고르는 모양이었다. 예전에 없던 냉기에 몸을 움츠리면서도 차창 밖으로 보이는 왕벚나무들은 꿋꿋이 꽃을 피웠다. 왕벚나무들에게서 긍지 같은 게 느껴졌다.

　칠보발전소 앞을 지날 때 펼쳐지는 칠보산 계곡은 나이든 아낙의 팔자 주름처럼 골이 깊고도 넉넉하다. 굽이굽이 따라 피어난 산벚꽃은 수수하고 정겹게 희끗거리며 봄의 소문을 몰래 퍼뜨리고 있었다. 우리의 출근길은 일터를 향한 발걸음이 아니라 참살이로 접어드는 일이었다.

　농장 언덕 아래 조팝꽃은 부지런한 모습이었다. 가느다란 바람과 손을 맞잡고 하얀 치맛자락을 나풀거리며 왈츠를 추고 있었다. 고요하고 단정한 아름다움 앞에서 따뜻한 양촌리 커피 한 잔이 유난히 달달했다.

농장 식구들은 일찍부터 제각기 이야기보따리를 푸느라 정신이 없다. 다행히 숫자 세는 일이 아니라 신난 모습이었다. 정읍댁의 보따리가 먼저 풀렸다.

"딴 때 같으면 꼬사리 끊으러 새복부터 산으로 갔을 턴디. 지금은 낭구가 우거진게 꼬사리나 너물도 다 없어 진가비여. 그 전에 산이 깨벗었을 띠는 약뿌랭이나 너물도 참말로 많았었는디. 그때는 장시들이 동네에 와가꼬 꼬사리랑 취너물이랑 딱주 같은 것 사 갈라고 흥정을 허는디 꼭 쌈을 허는 것 같었당게. 촌사람들이라고 둘러 먹을라고 혔지만 우리가 당허지 않었거만."

제4부 ____ 어둠을 지나 보이는 꽃

목소리가 큰 백암댁이 말을 이었다.
"아이고, 봄 되면 생각나는 것이 있거만. 쇠깔구쟁이가 손에 달린 생이군인이 오면 젤로 무섰어. 어떤 사람은 아랫두리가 없는 생이군인을 업고 와서 말캉(마루)에다 탁! 부려놓고 가덜 안 허고 있었당게. 자그덜은 전장터에서 이러코롬 되야가꼬 시상을 떠돈다고 험서, 막 때갱이를 쓰면 무서서 혼났당게. 나중에 커서 생각헌게 한편으로는 불쌍허기도 허드라고. 지금 같으면 뭣이라도 많이 주었을 틴디 그때는 먹고 살기도 심들었응게."

전쟁이 끝나고 누구나 다 그 어려운 시절 앞에서는 약자이자 빈자였다. 마을로 찾아오는 이들의 모습은 다양했다. 누구는 구걸하듯, 어떤 이는 협박하듯, 무섭게 생긴 쇠 갈고리를 번쩍 들어 올리면 어린아이들은 질겁을 했다. 어른들이 밭일을 나가고 없을 때 그들이 나타났다는 소문이 돌면 아이들은 마당 한쪽 허청[13]에 숨어 꼼짝도 하지 못했다. 가슴 졸이며 그들이 가기를 기다렸다.
백암댁 이야기가 끝나자, 강경댁이 말꼬리를 이어받았다.
"아이고 무섭다 무섭다 혀도 말도 말어. 얼굴색이 뻘건

---

13) 헛간으로 된 집채.

기가 있어가꼬 꼭 술 취헌 사람 같았는디, 넘 들은 땅꾼이라고 허드라고. 넘의 집 허청도 댕기고 다무락(담)도 구버 다봄서 대낭구밭도 다 뒤지고 댕기다가 우리 시당숙이랑 동네 호풍이네 어매랑 둘이 암도 몰르게 애핀(양귀비)을 심었던가빈디. 아 그 시상에는 촌에서 그걸 심어가꼬 담방약으로 썼잔이어. 들키면 징역살이를 가는지 암선도 급헐 때 쓸라고 모다덜 심었잔이어. 땅꾼이 그것을 보고 지서에 가서 일러가꼬 아매도 한 일 년 징역 살고 나옴선도 우리 서방이 당숙 헌티 준 송아지 새끼를 팔어서 벌금 내고 나왔대여."

사람들이 일손을 멈추고 강경댁을 쳐다봤다.

"어메, 맞거만. 그때 그맀어. 아이고 그놈의 땅꾼이 그리고 나서 동네에 오면 다들 미워허고 물 한 그럭도 안 주었담서."

사람살이는 참 알 수 없는 일이었다. 그 뱀잡이는 마을 앞 돌 틈에서 칠점사라는 독사를 잡다가 그 자리에서 죽었다고 했다. 물리면 일곱 걸음을 걷기도 전에 목숨이 끊어진다고 하여 붙여진 이름 칠점사! 그처럼 무서운 뱀이었다.

뱀 전문가들의 이야기를 빌면, 일반 뱀은 독이 혈관으로 퍼지므로 고무줄이나 끈으로 묶고 병원에 가면 살 수 있어도, 칠점사는 신경을 타고 독이 퍼지므로 이 뱀에게 물리면 살아남은 사람이 없다고 했다.

 미움을 받던 그였지만 삶이 허망하게 끝났다는 사실 앞에 사람들 모두 안타까워했다. 차가운 돌 사이에 퉁퉁 부어 쓰러진 그를 바라보며 모두 혀를 찼다. 그렇게 한 명의 떠돌이가 사라졌다.

 "긍게로 남헌티 말 안 듣고 욕 안 먹고 살아야 허겄어. 우덜은 쪼끔이라도 나쁜 짓 허지 말고 나쁜 생각도 허지 말고 그냥 꽃을 봄서 이쁘게 살드라고. 안 그려?"

 산골 마을엔 여전히 바람이 불고, 해가 질 무렵엔 산 너머로 붉은 노을이 펼쳐진다. 마을의 풍경은 늘 한 자리에 서 있고, 스쳐 간 이들의 이야기는 바람이 전해준다. 사람들은 오늘도 바람에 귀를 기울이고 있다.

백로는 떠나지 않는다

 이른 아침이다. 발걸음 소리에 놀란 참새 몇 마리가 잎 떨군 매실나무 가지에 푸드덕 앉았다. 작년 가을엔 많은 무리가 재잘거리더니 지금은 기척도 없다. 남은 애들은 한눈을 파느라 함께 가지 못했나 보다. 물억새 포기에 숨어 울며 추운 밤을 지새운 모습이다. 젖은 깃털이 무거운지 거푸 날개를 퍼덕여 물기를 털어내고 있다.
 어디서 왔는지 중대백로 두 마리가 큰 날개를 펴고 공중회전을 하며 자태를 뽐내고 있다. 놀란 작은 새들은 재빨리 풀숲으로 도망가서 숨고르기를 하고 있다. 몇 바퀴를 평행으로 날던 녀석들이 자랑이라도 하듯 이제는 비스듬히 난다.
 각을 바꾸며 날고 있는 중대백로를 보니 까마득히 가둬 놓았던 보따리 속에서 추억 하나가 슬그머니 빠져나왔다.

이십여 년 전 난생처음 헬리콥터 탔다. 지리산 국립공원에 업무차 갔을 때다. 걸어서 가야 했는데 장터목 산장까지 탑승할 수 있었으니 기막힌 천운이었다.

물건을 수송하는 헬기에는 의자가 없었다. 사람들은 바닥에 앉아 설치된 손잡이를 꼭 잡고 있었는데 갑자기 옆으로 몸이 쏠렸다. 모로 눕듯 비행하는 바람에 어떤 사람은 잡았던 손잡이를 놓쳐 바닥을 사정없이 뒹굴었다. 조종사를 바라보며 기절하듯 놀랐다. 장난꾸러기처럼 웃고 있는 그가 얄미웠지만 이내 일행은 배꼽을 쥐고 웃었다. 순탄한 평행의 삶에서 가끔 굴곡을 맞이하기도 하는 우리의 삶이 생각났다.

하늘 높은 곳에서 특이한 경험을 했던 것도 괜찮지 않았나 생각하면서 백로에게 눈길을 돌렸다. 중대백로는 평화롭고 우아하게 공룡알 앞으로 내려앉는다. 길게 다시 짧게 모가지를 바꿔가면서 둘은 무슨 이야기를 하고 있다. 몰래 데이트라도 온 걸까. 서로를 싹 안은 듯 제자리를 돌다가 그냥 몇 걸음을 걷는다. 구애 작전은 아닌 것 같고, 커다란 공룡알에 기대 바람을 피하러 온 것일까?

슬그머니 한쪽 다리를 감추고 외다리를 하고 있다. 둘 다 똑같은 자세로 꿈쩍도 하지 않고 서 있다. 늘 드는 생각이지만, 저 애들은 왜 한 다리로 서 있을까. 강에서도 그렇게 서 있는 걸 자주 보았다. 그런 집중의 자세로 물짐승을 찾는 동안 발이 시려오지는 않을지 안쓰러웠다. 한쪽 다리를 들고 바람 물살을 견뎌 본다. 금세 자세가 무너진다. 물살에 넘어지지 않기 위해 얼마나 집중하고 있을지 조금 가늠이 된다.

멈추었던 길을 다시 걷고 있는데 백로 생각이 나를 계속 따라온다. 그래. 초봄이었지. 어느 마을 앞을 지날 때, 전화를 받으려고 갓길에 차를 세웠다. 마을 앞에 전봇대보다 높은 왕버들이 군락을 이루고 있었다. 새집이 많았다.

까치집인가 했는데 아니었다. 까치가 깊게 집을 짓는 개인주택을 세운다면, 낯선 새들의 집은 둥글넓적한 다세대

건물이었다. 흰색과 회색의 새들이 막대기를 물고 와서 계속 집을 짓고 있는 것을 보니 분명 중대백로보다 크기가 작은 백로와 왜가리의 집단 서식처였다.

사진작가인 남사친에게 드론으로 촬영하자고 연락했더니 나보다 더 들떠 달려왔다. 손바닥 크기의 드론을 익숙하게 조종하자 나비가 되어 날아갔는데 얼마 지나지 않아 그곳에서 난리가 났다. 대단한 청력 때문인지, 시력이 사람보다 몇십 배 뛰어나다는데 드론이 눈에 띈 것인지, 아무튼 수십 마리의 새가 무섭게 소리를 지르며 마을 위를 마구 맴돌았다.

마을 어르신이 나왔다.

"뭣 허간데 저것들이 저렇게 난리 대여."

"새가 사는 집 사진 좀 찍고 있어요."

"저 웬수 같은 것들을 뭣이 좋다고 사진을 박는 대여. 아저그 저 동네 큰 낭구를 다 쥑이고 인제 우리 동네꺼정 와가꼬 똥 싸지르고 지랄인 게 못 살 것 당게."

드론을 불렀다. 맨 처음 찍은 몇 장면을 건지고 아쉽지만 철수했다. 백로의 지독한 배설물로 인해 둥지를 튼 나무는 똥독이 올라 죽지만, 백로가 물짐승을 먹고 강의 질소를 숲으로 옮기는 역할을 하여 주변 식물들이 잘 자라도록 돕는다고 한다. 그뿐 아니다. 쥐나 해충을 먹어 사람에게 이로움을 주기도 한다니 세상 모든 이치를 흑백으로만 규정지을 수 없다.

대단한 작품 하나 건졌다고 좋아하며 보내준 사진을 보고 놀랐다. 둥지 속에 새의 알이 네 개나 보였다. 갓 부화한 새끼 새도 있었고, 엄마 새, 아빠 새가 새끼 새를 지키는 모습도 찍혀 있었다. 자연의 경이로움이 담긴 진기한 자료를 얻어 기뻤다. 드론이 아니었으면 가당치도 않을 일이었다.

대여섯 살 때였을까. 집 앞 다랑논엔 새들이 많이 놀러 왔다. 농약이 없던 그 시절엔 물 고인 빈 논마다 미꾸라지가 많았다. 사람들은 삽으로 물구덩이를 파서 잡았고, 하얀 새들은 긴 부리로 잘도 찾아냈다. 흰 새 중에는 빨간색 다리도 있었고 까만색 다리도 있었다. 나중에 알고 보니 빨강 다리는 황새였고 까만색 다리는 백로였지만 싸잡아 황새라고 했다. 언니랑 나는 마당 앞 물확 둘레에 걸터앉아 다리를 흔들며 구전 동요를 신나게 불렀다.

"황새야 똥새야 너그 어매 비내[14] 빼다 엿 사 먹었다고 일러!"

황새한테 똥새라고 놀려댄 탓인지 요즈음은 눈에 잘 띄

---

14) 비녀의 전라도 말.

지 않는다. 놀림 받지 않은 백로와 왜가리는 우리와 함께 살고 싶은 듯 여전히 높은 나무 위에 지혜로운 집을 짓고 있다.

까치집을 짓듯이

겨울의 아침은 조용하고 차갑다. 그 조용한 차가움은 오랫동안 지켜지지만 해가 뜨면 변화가 일어난다. 나뭇가지에 앉은 서리가 먼 길 달려온 아침 햇살에 보석처럼 빛나다가 조금씩 커지며 물방울이 되어 떨어진다. 바람이 불어 넣어진 유리가 마침내 작품 하나로 긴 관에서 똑 떨어지는 순간 같다.

이른 출근길, 저만치 산 아랫마을 외딴집에서 올라오는 연기가 머리를 풀어 헤치고 하늘로 오른다. 벌거벗은 나무들이 이런저런 이야기를 담아 꽃망울 잎망울을 가지마다 매달아 놓았다.

가까운 하늘 위에 까치 한 마리가 나뭇가지를 물고 한 폭의 그림을 그리며 지나간다. 큰 화폭에 정갈한 한 획을 긋는다. 자기 몸보다 훨씬 큰 막대기였지만 의연하게 균형을 잡으며 어디론가 날아간다. 어디로 가는 걸까. 까치에 관한 생각이 머릿속을 가득 채운다.

까치가 울면 어른이고 아이고 모두 좋아했다.

"까치가 운 것 봉게 반간 손님이 올랑개비여."

갖! 갖! 하고 울어 까치가 되었다고, 그때마다 반가운 일이 있었다고 이쁨을 받는 새였지만, 미움을 받는 때가 없는 건 아니었다. 곡식을 심어놓으면 싹이 없어도 영락없이 그 자리를 찾는 귀신이었다.

호미로 땅을 파고 씨앗을 심고 있으면 거리를 두고 졸졸 따라가면서 씨앗을 콕콕 빼먹어버려 두 번 세 번 때움질을 해야 했고, 그때마다 농사꾼들은 화를 냈다. 꿩, 멧비둘기, 어치들도 똑같이 덤벼 말짓을 하지만, 손님 온다는 기쁜 소식을 알려 주던 까치가 다른 새들과 똑같은 짓을 하니 배신감을 느꼈는지도 모른다.

사람들은 까치를 잡는 기막힌 방법을 알고 있었다. 꿩을 잡는 데 많이 사용한 방법이었다. 콩에다 끝이 납작한 송곳을 돌리면서 파면 작고 동그란 구멍이 뚫렸다. 그 속에 약을 넣었다. '사이나'라고 불렀는데 맹독의 화학약품인 청산가리였다. 양초를 녹여서 약 넣은 콩의 구멍을 막은 뒤 곡식 심은 밭 여기저기에 뿌려 놓으면 까치뿐만 아니라 여러 새들이 죽었다.

지금 같으면 범죄라며 지탄받을 일이었지만 곡식이 귀했던 시절이라 그렇게라도 새를 잡아야 했다. 제 동료가 죽은 모습을 본 까치들은 하루 이틀은 잠잠하다가 어디에 숨었다가 나타나는지 또 몰려들었다. 모든 생명체는 먹고살기 위해서 위험을 무릅쓰고 살아가야만 하는가 보다.

  까치를 쫓는 일은 아이들의 재미있는 일상에 방해가 되었다. 이쁨과 미움을 번갈아 받았다. 집 뒤에는 전봇대보다도 더 큰 포플러가 동네를 지키고 있었는데 높다란 꼭대기에 까치집이 있었다. 겨울이 되면 까치집은 더 크고 선명하게 보였다.
  명절이 되면 누구네 자식이 먼저 오나 망을 보다가도, 막대기를 물고 와서 집을 더 키워가는 것을 볼 때마다 신기해서 어른들에게 물었다.
  "쟈들은 손이 없는디 집을 어떠고롬 짓는대라우? 새깽이들이 비랑 눈이랑 맞으면 출틴디 불쌍혀서 죽겄어라우."
  "주둥패기랑 발목아지로 엮어감서 집을 짓더랑게. 요상스럽당게. 암만 큰비가 오고 소소리 바람이 불어쳐대도 저 그 저 까치집은 한 번도 안 떨어졌당게."
  "근디 으째서 시방 춘디 집을 짓는대라우?"
  "쟈네들은 시한에 지야 봄 되면 알 품고 새깽이 나머는 맥일 것이 있겄잔이여."

머리를 끄덕끄덕했지만, 궁금증은 남았다. 사람 사는 집도 비가 새는데 까치는 기술이 사람보다 더 좋은 건가 보다 하고 그 후론 까치를 대단하게 봤다. 때때로 막대기를 물고 가는 걸 볼 때마다 새로 집을 짓는 이유가 궁금했다. 집이 낡았나? 좋은 짝을 만나 새 보금자리를 준비하나?

답을 천천히 알려주려는 듯이, 연두색 여린 잎이 피고 꽃이 피고 지고 잎이 떨어져도 까치는 언제나 그렇게 우리 옆에서 살고 있었다.

몇 년 전 어느 날, 낯선 사람들이 농장 근처에 왔다. 새를 조사하러 다니는 사람들이었다. 갑자기 공중에서 요란한 소리가 나서 모두 시선을 돌렸다. 솔개 한 마리와 까치 댓 마리가 싸우는 형상이었다. 까치가 감히 솔개에게 덤빌 수 있느냐고 물었다.

"까치는 연약해 보이지만 적이 습격할 때면 집단방어를 하는 새랍니다. 아마도 까치의 새끼를 솔개가 채 가는가 봅니다."

솔개에게 한꺼번에 죽기 살기로 덤볐다. 멀리까지 따라가면서 공중 전쟁은 계속되었다. 어느 때쯤 솔개는 줄행랑을 쳤고 까치는 돌아오고 있었다. 새 조사원들한테 많은 이야기를 들었다. 내가 궁금한 까치 이야기를 죄다 물었다.

"까치는 포식자를 피해 높은 곳에다 집을 짓고, 많을 땐 70여 마리씩 무리 지어 집단생활을 하며, 거기에서 짝을 찾아 새 가정을 꾸리기도 한답니다."

"얘네들은 집을 어떻게 지으며, 또 뭘 먹고 사는지도 궁금하더라고요."

"제일 튼튼한 막대기로 바깥부터 엮고 안쪽은 작은 가지로 엮고 다시 흙으로 바른 뒤 풀잎과 털을 뽑아 부드럽게 만든답니다. 지붕은 비가 새지 않도록 마감을 한 뒤 혼자만 들어갈 수 있는 문을 완성하고 알을 낳아요. 아주 정교하게 집을 지어요. 영리한 새이지요. 집을 지을 때 나뭇가지 막대기가 1,600개 이상 쓰인대요. 먹이는 잡식이에요. 곤충이나 도토리 잣, 뱀도 먹고 청개구리 거미 과일도 좋아하고 곡식 등 다양해요."

"동네 어르신들이 그러시던데요, 까치가 집을 짓는 것을 보면 그해 기후를 가늠한다고요."

"그 말도 일리는 있지요. 새들이 징조를 안다고 하잖아요. 비나 태풍이 많은 해는 바람을 덜 타는 밑쪽에 집을 짓고, 비바람이 적을 해에는 높은 곳에 짓는다는데 이치에 맞는 것 같아요."

"참 많은 걸 알게 되었네요. 고맙습니다."

같이 이야기를 듣고 있던 농장 아줌마들은 저마다 고개를 끄덕였다.

"참말로 이애기를 듣고봉게 까치가 못쓸 것은 아니그만. 버럭지랑 사람 무는 비암이랑 잡어 먹은당게 좋그만. 그리고 봉게 나도 한번 봉거 같그만. 까치가 기드란헌 끈 같은 것을 물고 가든디 고것이 비암이었는게비여. 농사 짓는디 말짓을 쪼끔만 혀면 얼매나 좋겄어. 잉~"

새 조사원들이 간 뒤 숙연한 마음이 들었다. 부리 하나로 나뭇가지 하나씩 물어다 둥지를 만들어 가족을 위한 희생의 삶을 사는 까치처럼 사람의 가정도 단순한 공간이 아니라 사랑과 노력으로 가꾸면서 아름다운 이야기를 만들어야 하는 것이겠지.

어렸을 때 까치 울음소리가 나면 어머니는 밖으로 나가

바라보면서 반가워하셨다.

"오늘 반간 손님이 올랑게비여. 어찌서 식전부터 울어싼 데여. 저그 문아피랑 쓸그라."

어머니는 누굴 기다리신 듯 까치 울음을 그냥 넘기지 않으셨다. 지금 생각해보니 집 나간 아버지를 기다리신 건 아니었는지. 하늘나라에서도 지금도 까치 울음소리에 귀를 기울이고 계실까?

그럴 거라고, 농장 키가 큰 메타세쿼이아 나무 위에서 까치가 운다. 갖! 갖! 갖!

아랫꽃섬, 그날의 소리

나이를 꼼꼼히 꼽으며 산 적이 거의 없었다. 꼭 필요한 기록이 요구하는 때는 어쩔 수 없이 살아온 햇수를 인식할 수밖에 없었지만, 산술적으로 확인하는 정도에 그쳤다. 그런데 '회갑'이라는 단어가 주위에서 오갔다. 싫든 좋든 회갑 잔치를 열어야 한다며 아들, 딸은 물론이고 주변 사람들까지 난리였다.

수십 년 전에는 모두에게 친숙했을지도 모르지만, 이제는 낯설게 된 '회갑'이라는 단어를 들이미는 강요가 싫었다. 십간과 십이지의 조합이 한 바퀴 다 돌 때까지 뭘 하며 여기까지 왔는지를 생각하니 심기가 더 불편해졌.

잔치를 벌이지 않겠다고 고집을 피웠더니 어느 지인이 조용히 말을 보탰다. 늘 어의의 돌봄을 받았던 왕들의 평균수명이 47세였다고. 호의호식하며 만수무강을 이마에 걸고 살았던 양반들도 겨우 55세였다는데, 주변의 성화를 피할 수 없다면 회갑을 기념 삼아 의미 있는 일을 하면 좋지 않겠냐는 의견을 건넸다. 어떻게 해도 닿을 수밖에 없는 시간을 목전에 둔 사실이 마땅치 않았으나 아이들과 주변을 생각하지 않을 수도 없어서 고민 끝에 조촐하게나마 봉사활동을 떠나기로 했다.

아랫꽃섬이란 예쁜 이름의 하화도下花島. 그곳의 목사님이 생각났다. 섬에는 20호가량의 집들이 크고 작은 돌담을 두르고 옹기종기 맞대어 있다. 삶도 돌담을 닮아 닮은 꼴로 바람을 버텨야 했다.

바람을 버티다 더러는 남편을 바다에 묻었고, 묻지 않았다고 해서 버틴 흔적이 새겨지지 않은 게 아니었다. 시간이 흐를수록 속내까지 닮아, 찾아오는 관광객들에게 음식을 만들어 팔기도 하고 바위틈 밭뙈기에 해풍 먹은 약부추를 키워 생계를 유지하는 일을 서로를 다독이며 해내고 있다.

'전기가 고장났어요', '수돗물이 새고 있어요', '문이 빡빡해서 안 열려요' 이런저런 문제들로 목사님을 찾는다. 그것뿐이 아니다. 참억새의 뿌리가 기운이 세서 숨을 쉴 수도, 발을 뻗을 수도 없다며 동산에 있는 여린 꽃들도 목사님만 불러대는 아랫꽃섬이다.

시골 경로당이나 지역행사 때마다 봉사하는 웃찾사 공연단을 초청했다. 두 시간 반이 소요되는 거리를 선뜻 나서준 것에 감동이 몰려왔다. 버스가 출발할 때부터 흥겨운 트로트 가락에 둥짓둥짓 어깨를 들썩였다. 손뼉을 치는 사람, 노래를 부르는 사람, 분위기가 무르익어 가는데 몇 사람은 낯선 분위기가 어색한지 창밖 풍경에만 눈길을 보냈다.

정기선 시간과 일정이 맞지 않아 사선私船을 타야 했다. 정기선보다 배가 작아 걱정되었지만, 구순을 넘긴 친정어머니까지 모셨다. 먼 길 나서는 기회는 점점 적어질 테니 마지막 여행이 될지도 모를 일이라 무리를 한 것이다. 잔뜩 겁먹은 일행들과는 달리 어머니는 어린아이처럼 배 안 이곳저곳을 둘러보면서 바닷바람을 맞으며 파도를 즐기고 계셨다.

선착장에 마중 나온 목사님의 웃음과 흔드는 손이 먼저 눈에 들어왔다. 담벼락에는 '아름다운 들꽃세상 봉사팀을 환영합니다'라는 현수막이 걸려 있었고, 유채꽃 몇 송이도 바위 모퉁이에서 수줍게 인사를 했다.

뱃머리가 땅의 앞머리에 닿자, 목사님은 연만하신 어머니를 아예 업고 내리셨다. 놀란 나머지 어머니는 등을 밀어내면서 "아이고 사람 죽네, 아이고 사람 살려" 소리를 내질러 일행들을 한바탕 웃게 만드셨다.

준비해 간 음식보다 섬에서 정성으로 차린 문어, 소라, 각종 조개, 생선구이에 손길이 더 갔다. 해물로 차려진 식탁은 바다 향기를 입에 가득 채워주었다. 향은 조금도 비린 구석이 없었다. 섬사람들의 따끈한 정이 조금은 있을 수밖에 없는 이질적 향마저도 잠재운 것이리라.

드디어 공연이 시작되었다. 차례차례 돌아가며 노래를 불렀다. 여가수의 콧소리 섞인 노래가 간드러졌다. 바람에 흔들리는 능수버들처럼 아슬아슬 넘어가는 가락에 일행은 몸으로 흔들흔들 박자를 맞추었다.

"찔레꽃 붉게 피는 남쪽 나라 내 고향, 언덕 위에 초가삼간 그립습니다."

남쪽 바다에 어울리는 노랫말이 파도를 탔다.

공연단장 만복이의 품바 공연은 정신을 빼앗는 마술이었다. 조롱박에 빨강 노랑 파랑 고추를 달고 허리춤에 늘어뜨려 흔들어 대는데 민망해 눈을 가릴 수밖에 없었다. 할머니들이 조롱박을 만지기도 하고 잡아당기기도 하면서 배꼽 빠지게 웃는데 어머니는 성근 앞니를 손으로 가렸다.

품바가 끝나자, 마을 주민 몇몇과 장구재비 털보가 신명 나는 풍물놀이를 한바탕 펼쳤고, 막간을 이용해 준비한 머플러를 선물해 드렸다.

막배가 멀리서 고동을 울렸다. 부웅부웅~~ 뱃고동 소리가 아쉽고 서운한 마음을 대신해 울어댔다. 징~~~ 징 소리가 떠나는 사람들과 남는 사람들의 끈처럼 이어졌다. 고동 소리에 몸을 실어 돌아오는 길, 물살은 노을을 등에 업고 긴 줄을 그리며 따라왔다. 바다에 누운 섬 그림자는 자꾸만 멀어져 갔다. 또 오라는 청에 다시 오겠다는 답을 나누며 눈물로 이별의 정을 나눈 지도 어언 10년이 지났다. 어머니도 내 옷소매를 놓으셨다. 섬 할머니들도 윤슬이 되어 아랫꽃섬에서 출렁이고 있을 것이다.

나는 그사이 지독한 일 중독자가 되어버렸다. 노동이 일상에 뿌리를 내리고 터가 굳어졌지만, 나비의 날갯짓 바람이라도 시늉해 그곳 그 시간으로 다시 가고 싶다.

손에서 일이 떠나지 않는 오늘, 나는 아랫꽃섬 연둣빛 파래 냄새에 젖어있다. 먼 듯, 가까운 듯 그날의 소리가 들린다. "덩더꿍! 덩더꿍! 덩 더 덩! 덩 더 덩!" 내가 일벌레가 된 것도 그 소리가 여운처럼 늘 장단을 맞추었기 때문이 아닐까.

제4부 _____ 어둠을 지나 보이는 꽃

할미꽃, 낯꽃 피게 하소서

 진정성에 관한 강의를 듣고 슬그머니 마음이 동한다. 풀어내고 싶은 감정이 목울대까지 차오르지만 "아니야. 나는 아직 햇병아리인걸" 하고 도리질한다.
 생각해보니 아는 것이라곤 모르는 것밖에 없는 것 같아서다. 그런데 문득 '무식은 용감하다.'는 말이 스친다. 그래, 죽이 되든 밥이 되든 무조건 해보는 거야. 지성이면 감천이라고 정성을 다하면 뭔가 손에 잡히겠지.
 진정성이란 용어를 뒹굴리며 여기저기 뒤지다 보니 그럴듯한 글귀가 시야에 꽂힌다. "공기 너머 서로의 마음이 찌르르 닿는 것…." 순간 낯익은 모습들이 눈앞에 어른거렸다. 먼 산보다 앞산이 더 크다는 것을 이제야 알겠다.
 겨울이 채 떠나지 않은 봄, 농장을 지키고 있는 한아름이 넘는 귀룽나무에 딱따구리가 알 낳을 보금자리를 준비하느라 요란스럽다. 주둥이로 쪼아대는 소리에 걱정이 앞선다. 온통 멍투성이가 되지는 않을까?

그 울림 탓인지 텃새가 되어 마을을 떠나지 않은 대여섯 마리 까마귀들이 "까악 깍" 동네를 맴돌고, 늦잠을 자던 고라니는 어린애 울음소리를 내지르며 산속으로 도망을 친다. 상사화 구근 숫자를 세던 정읍아줌마가 말을 던진다.

"까마귀가 울면 사람이 죽는다는디."

옥자아줌마가 말을 잇는다.

"우리 딸이 그러는디, 일본에서는 까마귀가 길조라고 좋아들 한다네. 그런데 왜 우리는 사람이 죽는다고 하는지 몰라."

"그 말은 일본 사람들 말이고, 우리나라에선 옛날부터 전해온 말이잖어?"

그러거나 말거나 구시렁대면서 할머니들은 여느 때와 같이 손수레를 밀고 마을 어귀로 느짓느짓 걸음을 놓으신다. 여기 절안마을엔 네 분의 할머니가 계신다.

태인댁 할머니는 일기예보가 잘 맞는 기상청이다. "아이고! 비 올랑게비." 하고 한마디 하면 어김없이 비를 가져온다. 마을에 동풍이 불고 옆 산언저리 참나무 여섯 형제가 희뿌연 잎을 뒤집는다. 다섯 살 어린 신랑을 만나 무탈하게 잘 사시더니만 먼저 고태골로 떠난 남편을 우리 팔용이, 우리 팔용이라고 그리워하시는 팔용할머니. 나만 보면 "꽃 사장"하며 아기처럼 손 흔들어 주시는 새보안할머니. 오토바이 사고로 다리를 잃은 서방님의 다리가 되어 사는 너디댁할머니. 내려치는 빗줄기처럼 주름진 얼굴들이 곱고도 정겹다.

차디찬 얼굴을 감싸쥔 3월의 아련한 햇살이 스쳐 지나간다. 길섶에 사는 머슴들레[15]들이 하얗게 웃는다. 낡은 바짓자락이 바람에 허우적대는 할머니들을 향해 위로하는 모양이다.

산동네에 너울대는 이런저런 이야기들이 저마다 나선다.

---

15) 민들레의 전라도 지역어.

딸, 딸, 또 딸! 족보의 문을 닫는다며 대 이을 자식을 간절히 원하다 얻은 아들. 웬만큼 키도 크고 심성이 착해서 늘 웃는 얼굴인데, 사람들은 조금 모자란다고 쑥덕거렸다.

 그런 눈길을 아셨는지 군산으로 시집간 큰딸 곁에 직장을 구해 보내고 노심초사하시던 모습이 눈에 선하다. 도시로 나간 후 몇 년 지나 싸늘한 주검으로 엄마 품에 묻힌 아들을, 등 돌리고 눈물 한 방울 보이지 않았던 태인댁할머니. 상처의 빗장이 열릴까 봐 조심스레 두 손을 꼭 잡았을 때, 독하게 참아내던 할머니가 내 팔을 부여잡고 이내 오열하셨다.

 "그냥 촌에서 농사나 짓고 살게 할걸! 좀 바래지라고 도시로 보낸 것이 한이여! 한이여! 아이고, 젊은 집이(당신)는 어떻게 그 큰일을 겪고 지낸 거여? 늙은 나도 이렇게 죽겄는디!"

 하도 무서워 꾹꾹 숨겨둔 내 서러움은 이미 마음 깊은 곳에서 응어리가 되어 왕, 왕 아우성을 쳤다. 꽃다운 스물여덟 큰아이가 저 먼 하늘로 여행을 떠났을 때, 비 내린 농장 사방댐 물소리가 천둥처럼 내리치면, 끼억! 끼억! 울음소릴랑 물보라에 실려 보냈지. 어느 여름날, 그 아이 닮은 마타리꽃 줄기에서 뜰매미라도 울어댈 때는 넋을 잃고 주저앉아 애꿎은 풀포기에 눈물방울 뚝뚝 떨어뜨렸어. 부모가

죽으면 땅에 묻고 자식이 죽으면 가슴에 묻는다는 말이 이런 거였나? 뿌리째 뽑힌, 등 굽은 소나무는 가슴에 꾸우욱! 꾹! 심을 수밖에 없었다.

 사람살이는 참 얄궂어서 참따란 새보안할머니는 위암을 앓았고, 너디댁할머니 아들도 다시는 그 고샅으로 걸어오지 못했다. 덩그러니 빚만 선물처럼 받고, 남편 원망 한 번 안 하던 팔용할머니는 어느 날 나를 불러 영수증 한 뭉치를 보여주었다. 죽은 남편 욕먹지 말라고 10년 동안 갚았다면서…. 앙물은 사연을 담은 낡은 상자가 시렁 위에서 빛나 보였.

 따져 보면 누구 하나 안온한 삶만 있는 것 같지 않다. 오죽하면 사는 일이 소가 외나무다리를 건너는 것처럼 힘들다고 하였을까. 속절없이 계절은 가고 또 갔다. 이제 아린 슬픔일랑은 들뜬 보굿처럼 바람에 날려버리고 서로서로 보듬어가며 살아간다. 레테(망각의 강)의 물이라도 마신 듯 그 날의 서럽고 쓰라린 기억을 아무도 이야기하지 않는다.

 주름진 겨울이 떠나기 싫은 몸짓으로 세상을 돌돌 말고 있다. 키 작은 봄바람은 자리를 내어 달라고 나지막하게 다가온다. 사람살이도 자연의 순리처럼 아름다운 모습으로 오고 갔으면 좋겠다.

 겨울이 칩거에서 떠나면 봄이 기지개를 켜는 이 순환의

엄숙함, 한 치의 거짓을 부리지 않는 자연과 발을 묶어보면 어떨까. 새 잎사귀 방글거리며 골골에 산수화가 그려지는 날, 햇살 가득하게 완연한 봄이 오겠지.

　가끔 뻥튀기, 바나나, 닭 등 좋아하시는 간식을 챙겨드린 날이면 경로당에선 웃음소리가 춤을 추듯 새어 나오고, 서쪽 해가 뒷산 마루에 불그스레 걸터앉아 웃음소리를 담는다.

　녹록지 않았던 하룻길 쉼을 위해 집으로 가는데 참기름, 된장, 고추장을 들고 태인댁할머니가 내 길목을 막아선다. 수줍게 내밀은 손바닥에 굳은살의 정이 포개어지면 애잔함이 스며들어 울먹여진다.

　팔순을 훌쩍 넘긴 무대에서 단역밖에 못 하신 할머니들이지만, 한 편의 시를 써온 홀로살이 위에 언성 히어로(Unsung hero)라고 새겨드리고 싶다. 막이 내릴 때까지 펼쳐지는 은빛 무대를 진정으로 응원하며, 쏘울 타이(Soul tie)로 맺어진 우리 백설공주들을 위하여 오늘도 화살기도를 한다.

　'할미꽃, 낮꽃 피게 하소서.'

　언제 피었는지 비닐하우스 온기를 어깨에 두르고 할미꽃 몇 송이가 고즈넉이 웃고 있다.

어둠을 지나 제비동자꽃

 평소보다 조금 이르게 농장에 도착했던 어느 날, 이곳저곳을 둘러보다가 흠칫했다. 불룩한 배를 들썩이며 고라니 한 녀석이 세상모르고 잠에 취해있었다. 밤이면 꽃자리에 몰래 와서 웬 식성이 그렇게 좋은지 싹둑싹둑 입질했다. 총소리, 개 짖는 소리를 내는 야생동물 퇴치기로 겁을 주어도 두리번거리다가 이내 아랑곳하지 않고 배를 채우곤 했다. 하필이면 어렵사리 입양한 제비동자꽃을 까까머리를 만들어놨다.
 "이런 나쁜 녀석!"
 발을 구르며 버럭 내지른 소리에 화들짝 놀라 줄행랑을 치는 모습이 참으로 무심했다. 하기야 유달리 정을 주는 사연을 고라니 녀석이 알 리가 없겠지.
 올록볼록한 어느 산길에서 깃털을 나불거리며 유혹하는

제비동자꽃을 운명처럼 처음 만난 날 동행한 꽃벗과 함께 손뼉 치며 꽃웃음을 하고 꽃울음을 했지. 꽃씨가 익을 때 입양하러 오자던 언약은 하늘 공기 속에 묻혀버렸지. 그 아이를 잘 보살펴 키워 달라고 힘없이 내 손을 놓고 멀리 떠나버린 벗의 목소리가 안타깝게 그립다는 걸…….

 제비동자꽃을 입양하던 날, 바람도 시샘했는지 태풍 루사가 한반도를 휩쓸었다. 아, 그때 가슴앓이가 불현듯 떠올랐다. 기상청 예보를 듣고 늦은 시간 빗속 운전을 서둘러야 했다.
 멸종위기식물 2급으로 지정된 제비동자꽃! 녀석 씨앗 몇 톨이라도 손에 담기 위해 다섯 시간의 먼 거리를 달려갔으나 미처 영글지 않아서 빈손으로 터덜터덜 돌아와야 했던

길이 두어 번. 오는 길이 얼마나 허우룩했던지…….

강원도 인제 원통, "인제 가면 언제 오나 원통해서 못 살겠네."라는 군인들의 유행어가 비롯된 곳, 그곳에는 꽃마중을 하기 위해 찾아나서곤 했던 나의 한 시절이 고스란히 심겨 있다.

그 아이를 입양하기 위해 통행권을 뽑아 들고 무작정 고속도로에 들어섰다. 호남고속도로, 중부고속도로를 빠져나가 영동선으로 접어들었을 때 바람은 더욱 거세어졌다. 빗줄기는 앞유리창을 사정없이 내리쳤고, 작은 나뭇가지들이 이리저리 광란의 날갯짓을 했다. 잇대어 가는 자동차들은 하나둘씩 양쪽 눈을 켜며 조심조심 앞으로 나아갔다.

바람은 시간이 지날수록 거세어지며 부릅뜬 눈으로 버티고 서서 막무가내로 길을 막아섰다. 길게 이어진 차들이 휴게소로 잽싸게 도망하여 각기 숨을 곳을 찾느라 웅성거렸다. 나는 큰 트럭이 칸칸이 늘어선 사이로 차를 감추고 혹시 이렇게 큰 차가 밀려 내 차를 덮치지는 않을까 두리번거리다가 의자를 뒤로 밀고 곤한 몸을 눕히며 "오지 말걸!" 하고 얕은 후회를 내뱉었다. 그럴수록 나를 기다리고 있을 꽃들이 눈앞에 어른거렸다.

두려워서 눈을 감고 있는데 한 편의 영화가 시간의 벽을 뚫고 클로즈업됐다. 〈트위스터〉, 어릴 적 토네이도로 아버지를 잃고 기상과학자가 되어 연구에 전념하는 도전과 사랑을 그린 작품이다. 자동차, 소, 사람 심지어는 탱크로리와 집을 하늘로 날려버리는 기상천외한 토네이도 속에서, 마지막 하나 남은 계측기인 도로시를 띄우는 데 성공하며 파이프에 가죽끈으로 몸을 묶고 살아난 주인공 '조' 부부, 그들은 인류를 위해 명분 있는 사투를 한 것이다.

그럼 나는? 나는 멸종되어가는 꽃들의 종자를 보존하기 위해 비바람을 헤치고 달려왔다. 누군가는 해야 할 일이니까. 꽃이나 우리나 자연 종족, 동족이 차츰 사라져도 모른 체하는 탐욕스러운 이기利己로 어두워진 시대, 나는 어둠을 뚫고 나아가야 했다. 이깟 큰바람쯤이야, 다시금 몸을 일으켰다.

어둠이 겁에 질려 떠나가고 날은 회색빛 얼굴로 밝아왔다. 바람이 상처를 낸 대지는 흉물스러웠고 바람의 기세는 여전했지만, 조심스레 옆자리를 떠나는 큰 트럭의 뒤에 매달려 가듯 더듬거리며 길을 나섰다. 원통 한내리를 지나 미시령, 양양이라는 이정표가 꽃으로 보였다.

조바심으로 도착해 보니 아니나 다를까 바람이 얼마나 내동댕이쳤는지! 다행히 꼬투리는 거의 헐벗었어도 몇 줄기는 구할 수 있었다. 한 줄기씩 보듬는데, 흙투성이가 된 채 바짝 엎드린 모습이 다급하면 머리를 땅속에 박고 숨는 꿩 같았다. 한 꼬투리 한 꼬투리 주워 모을 때 빗물이 얼굴 위로 줄줄 미끄러져 내렸다.

 허리가 몹시 아파 잠시 일어섰는데 눈앞에 영화 속 장면 같은 기이한 광경이 펼쳐졌다. 내린천 지류인 강 위에서 물 쇼가 벌어진 것이다. 와! 용오름이었다. 하나, 또 하나, 저기 또 하나, 다섯 개의 물기둥이 전봇대보다 더 높게 맴돌며 솟구쳤다.

 꺽지, 열목어, 모래무지 같은 고기들이 저속에 휩쓸리지 않았을까 걱정하는데 급한 마음에 강 옆에 무심코 세워뒀던 자동차의 엉덩이가 들썩거리고 있었다. 마음은 금방 눈을 돌리게 했다. 여린 제비동자꽃이 쓰러진 채 신음하는 모습이 들썩거리는 승용차보다도 더 심장을 두방망이질 치게 했다.

 이듬해 봄이 되어 한 톨 한 톨 설렘으로 뿌린 씨는 살뜰한 인연으로 꽃을 피웠다. 그해 여름 한 자락을 환희로 불타게 했던 제비동자꽃! 그 아이의 슬픈 이야기가 마음속 화선지에 빨간색을 칠했다.

 높은 산 암자에 큰스님과 동자승이 살았는데, 스님은 날이 추워지자 겨울을 지낼 양식을 구하러 마을에 내려갔다. 갑자기 앞이 보이지 않을 정도로 쏟아진 눈 때문에 큰스님은 돌아갈 수가 없었다. 겨우내 쌓인 눈은 봄이 되어서야 녹아내렸다. 암자로 돌아온 큰스님은 동자승을 가슴에 안고 펑펑 울었다. 양지바른 곳을 찾아 묻어준 자리에서 맺힌 한을 토해내듯 핏빛 꽃 한 송이가 피어났다.

 마을로 내려간 큰스님을 얼마나 기다렸을까. 새소리 바람 소리가 메아리를 만드는 강원도 어느 산기슭에서 방그레 웃는 듯한 동자승의 넋을 품은 꽃! 날렵한 제비 꼬리를 닮았다 하여 사람들은 그렇게 이름을 불러주었나 보다. 제비동자꽃이라고…….

 자리를 잡으려고 애쓰던 삶의 뜰을 바람이 헝클어 놓을 때마다 제비동자꽃을 본다. 가만히 웃어주는 그 작은 꽃에서 나는 거인의 언어를 줍곤 한다. 아픔으로 성장한 아름다움이 가슴에 차오른다.

추천의 글

내력을 지키는 사람의 얼굴

천세진(문화비평가, 시인)

♣ 두 개의 공간

　임인숙 작가의 『자전거 소풍 가네』 원고를 읽다가, 정읍 산내면 산속 절안마을(사내리寺內里)을 두 차례 찾았다. 이야기를 만들어낸 공간을 보지 않고 덧붙이는 글을 쓸 수는 없다. 그럴 수가 없는 글이었다.

　신은 인간에게 공간을 주고 시간을 준다. 공간 안에는 사물이 있다. 그 사물들은 다른 공간에 있는 것들과 비슷하기는 해도 같은 것은 아니다. 시간도 그렇다. 신이 같은 길이의 시간을 주어도 같은 모습으로 흘러가지 않는다. 공간 안에서 흘러가기 때문이다. 한 사람의 몸도 공간이어서 한 번 달라진 시간이 또 한 번 달라진다.

　어떤 이는 태어나 자란 공간을 떠나지 않고 살고, 어떤 이는 태어나 자란 공간에서 영원히 멀어지고, 어떤 이는 태어나 자란 공간을 떠났다가 돌아온다. 경우마다 공간은 다른 의미를 지닐 수도 있지만, 떠나고 돌아온 것과는 무관하게 하나의 의미를 지닐 수도 있다.

해석과 시선에 따라 달라질 텐데, 해석과 시선은 공간에 대해 어떤 태도를 견지할 것인지를 분명하게 밝혀야 한다. 해석과 시선, 또 다른 어느 것으로도 달라질 수 없는 본질로서의 공간이 따로 존재하기 때문이다. 따라서 언제나 최소 두 개의 공간이 존재한다. 물질적 공간과 비물질적 공간으로.

임인숙 작가의 『자전거 소풍 가네』에는 두 개의 공간에 대한 깊은 이야기가 담겨 있다. 정읍 산내 절안마을은 '돌아온 공간'이다. 돌아온 공간은 어떤 의미를 지닐까.

♣ 토포필리아, 절안마을

쉽게 설명하자면 임인숙 작가의 글에 등장하는 공간은 '토포필리아'일 수 있다. 토포필리아*는 끊임없는 회귀가 전제되어야 한다. 그러지 않고는 깊은 정과 사랑의 대상이 되기 어렵다.

---

* 'place'에 해당하는 그리스어의 'topos'와 'love of'에 해당하는 'philia'의 합성어인 토포필리아는 '장소애'로 번역되는데, 이 푸 투안에 의해 '특정 삶의 공간에 대한 애정'을 뜻하는 인간주의 지리학humanistic geography 속으로 들어와 특별한 개념이 되었다.

이 푸 투안(1930~2022)은 『토포필리아』의 서문에 이렇게 썼다. "모든 민족에게 환경은 단순한 자원을 넘어 깊은 정과 사랑의 대상이자 기쁨과 확실성의 원천이다. 요컨대 또 하나의 키워드는 살림살이에 대한 수많은 언급에서 결여된 토포필리아다."

이 푸 투안은 토포필리아를 설명하는 문장에서 '민족'을 말했지만, 누군가의 생을 이야기할 때는 그이만의 특별한 공간에서 생겨난 토포필리아에 대한 이해를 바탕으로 풀어가야 한다. '기쁨과 확실성의 원천'은 추상적인 언어 안에서 흘러나오는 것이 아니라 구체적이고 실재적인 사물과 풍경에서 발원한 것이기 때문이다.

공간이 애정을 가진 특별한 공간이 되기 위해서는 시간이 필요하다. 좋아하는 몇 개의 사물이 존재한다고 해서 특별한 공간이 될 수는 없다. 짧은 시간이 몇 개 들어있는 것으로도 가능하지 않다. 긴 시간이 들어 있어야 한다. 『얼마 남지 않은 이야기』속 공간에는 그런 시간이 들어있다.

중부유럽 연구가 클라우디오 마그리스(1939~, 이탈리아)는 공간에 대한 특별한 저작 『작은 우주들』을 시작하며 건축가 아메데오 그로시(1753~1805)가 토리노 지역에 대한 연구서에 남긴(1791년) 다음과 같은 글을 인용했다.

"이제 '세상'은 대체로 그 전모가 잘 알려져 있는데다 거기에 대한 일반적인 묘사를 우리 눈앞에 제공하는 책들이 아주 많기는 해도, 그럼에도 단지 한 '지방'을 다루는 경우는 간신히 그려낼 수 있을 뿐이니."

큰 관점으로 공간을 조망하면 더 많은 걸 알게 되리라고 생각하지만, 그건 착각이다. 더 멀리에서 망원경의 시선으로 바라본다고 해서 그렇게 되지는 않는다. 공간의 어느 특징(예를 들면 고도나 능선의 형태) 을 더 잘 이해할 수는 있지만 그만큼 놓치는 것이 발생한다.

놓친 것들을 이해하기 위해서는 현미경의 시선이 필요하다. 공간이 애착의 대상이 되면 더욱 그렇다. 결국 공간에 대한 최적의 이해는 망원경의 시선과 현미경의 시선을 함께 지녀야 가능한 것이지만, 출발은 현미경의 시선으로 자신만의 세계를 구성한 이후여야 한다. 인간은 그 세계에서 태어나 성장하고 돌아가기 때문이다.

♣ 아직 떠나지 않은 이야기

『자전거 소풍 가네』 속 이야기는 '아직 떠나지 않은 이야기'이고, 언젠가는 '떠날 이야기'다. 고무신, 목화, 각설이, 도깨비불, 혼불, 젖꼭지때왈, 토란꽃, 땅꽈리, 물꼬 싸움, 방물방수에 얽힌 이야기는 21세기의 문화가 아니다. 꼬리마저 흐릿해지고 있는 문화다.

"나는 말도 마랑게. 꽃신 하나 사돌라고 볶아댄게 할매가 닭 발모가지를 묶으고 닭 얼굴은 배깥으로 나오게 허고 책보에 싸가꼬 강경장에 가시어. 저녁때를 얼마나 기다맀는디 노랑 반구두 쌩고무신을 말캉 바닥에 내 노심서 찔기고 좋은 것이라고 달개는 바람에 핵교에 신고 갔당게. 머시매들이 뒤를 졸졸 따라옴서 '똥신' 신었다고 얼매나 놀려먹었는지 몰러. 그 담날도 아그들이 '똥신, 똥신' 험서 난리였당게. 핵교가 가기 싫더라고. 한 이틀인가 신다가 노랑 고무신을 낫으로 찢어버리고 할매한테 지독허게도 혼났어."

— 〈꽃신이 품은 비밀〉의 병순댁 이야기

큰집 오빠는 덜컹거리는 길에 신경을 곤두세우느라 뒤에 타고 있던 각시가 떨어진 줄도 모르고 혼자 내달린 것인데, 여전히 상황을 모르고 앞서가고 있는 자전거를 보며 마을 사람들은 길바닥에 주저앉아서 땅을 두드리며 웃느라 정신을 못 차렸다.

— 〈자전거 소풍가네〉 중에서

새 보는 것은 뒷전에 두고, 언니와 나는 주저앉아 돌 따먹기에 정신없이 빠져들었다. 동글동글한 작은 돌은 즐거운 놀잇감이었다. 참새 따윈 까맣게 잊고, 어디 쓸 수도 없는 돌멩이를 하나라도 더 내 것으로 만들려고 배에서 꼬르륵 소리가 나는 것도

추천의 글

몰랐다.

— 〈참새와 통밀 쑥개떡〉 중에서

이제 이런 이야기는 절안마을과 또다른 절안마을들에서 흐릿해지고 있다. 사물로서는 얼마든지 다시 만들 수 있지만, 사물이 품고 있는 이야기는 만들 수 없다. 재연再演이 불가능한 드라마고, 이제 명멸의 꼬리마저 거의 다 사라진 드라마다.

♣ 문화공간, 절안마을

모든 사물은 탄생 후 일상에서 번성했다가 박물관으로 사라진다. 박물화博物化를 피할 수 있는 존재는 없다. 사물과 사물에 얽혀 함께 만들어낸 이야기를 기록해 놓는다면 그나마 다행이다.

『자전거 소풍 가네』는 문화적 기록이다. 임인숙 작가의 이야기, 삶을 함께 꾸려가는 사랑하는 사람들의 이야기, 이야기를 품은 공간에 대한 기록이지만, 개인적이고 개별적인 의미로만 읽을 수 없는 함의를 지니고 있다. 이 땅에서 만들어졌다가 사라져가고 있는 문화적 풍경을 세세히 증언하고 있기 때문이다.

이제 인류의 공간은 문명적 공간과 문화적 공간으로 나

뉘는 경향이 더욱 확연해지고 있다. '문화공간'이라 불리는 공간들은 실은 '문명공간'이라고 불리는 것이 맞다. 문명공간은 기술문명이 만들어낸 사물들로 이루어진 물리적 풍경이 중심이다. 건물과 현대문명이 낳은 사물들로 가득하다. 정읍 산내 절안마을 같은 문화적 공간은 이제 얼마 남지 않았다. 멸종 위기를 맞은 생명들처럼 사라지고 있다.

그렇게 남은 문화공간조차 이제 완전히 사라질 위기를 맞고 있다. 그 공간을 지키던 사람들이 떠나고 있고, 그 공간에 '전원'이란 이름을 들고 들어선 이들은 떠나는 이들을 숫자로만 대체하고 있기 때문이다. 그들은 공간의 문화를 물려받는 방식으로 들어서는 것이 아니라, 공간에 문명을 들이는 방식으로 들어선다.

♣ 얼마 남지 않은 이야기

절안마을을 두 번째 방문한 날 큰주홍부전나비를 발견했다. 처음 만난 나비였다. 고향에서는 한 번도 본 적이 없는 나비였다. 어느 곳에 자리했느냐에 따라 공간은 특별한 존재들을 키운다. 나비뿐이 아니다. 사람도 키우고, 말도 키우고, 문화도 키운다. 그리고 그 존재들은 생로병사의 과정을 겪는다. 언어도 풍습도 그런 과정을 겪는다.

『자전거 소풍 가네』 속 이야기들은 10년쯤 지나면 완전히 사라질지도 모르는 이야기들이다. 이후에는 박물관에서나 발견될 것이다. 인류 역사 내내 무수한 세대가 이야기와 말을 품고 사라졌으니 그대로 두는 것이 순리라고 말할 수 있을까?

문학은 과거다. 과거, 현재, 미래 모두에 대해 글을 쓸 수 있다고 믿겠지만, 현재는 단어 하나를 쓰는 그 순간에 이미 지나가고 미래에 관한 이야기는 과거의 것을 조합한 것일 뿐이다. 문학 작품 속 모든 것은 과거의 유산이다. 그런데 어떻게 과거를 쓰지 않을 수 있을까. 누구의 과거를, 어떤 과거를, 어떻게 쓸 것인가가 선택지로 있을 뿐이다.

『자전거 소풍 가네』는 생명의 이야기다. 공간들은 하나하나의 생명체다. 그 안에서 만들어진 것들도 모두 하나하나의 생명체다. 물질적 생명과 비물질적 생명으로 겨우 구분할 수 있지만, 이해를 위해 허용될 뿐이다.

절안마을을 두 번째 방문했을 때, 붉은머리오목눈이 둥지를 훔쳐보았다. 네 개의 푸른색 오목눈이 알 옆에 유독 커다란 푸른색 알 하나가 보였다. 뻐꾸기 알이었다. '탁란'에 대해 알고 있었지만 눈으로 본 것은 처음이었다. 마음이 아팠다. 어떻게 해도 한쪽은 죽음을 맞이해야 하는 슬픈 운명을 품은 둥지였다. 삶이 스민 모든 공간에서 만들어지는 운명의 모습이 그렇지 않을까.

그리고 그날, 꽃을 정리하고 계신 정읍댁을 뵈었다. 잔잔한 기품을 지닌 분이셨다. 장작을 메고 산길을 오르셨던 일화가 단정한 얼굴에서 흘러나왔다. 지난했던 시간을 기품으로 다독이지 않고서는 가질 수 없는 얼굴이었다.

다른 분들이라고 다를까. 이야기에 등장하는 분들마다 최선을 다해 사신 표정을 지니고 계실 것이다. 임인숙 작가의 『자전거 소풍 가네』는 그런 얼굴들을 사랑의 마음으로 가만히 들여다본 이야기다. 그런 마음이 아니었다면 읽는 내내 가슴속에 내려앉은 물기 짙은 아지랑이를 설명할 수 없을 것이다.

이야기를 들려주신 임인숙 작가님께 깊이 감사드린다.

들꽃지기 임인숙 에세이집

자전거 소풍 가네

인쇄 2025년 09월 26일
발행 2025년 10월 01일

지은이 임인숙
발행인 서정환
펴낸곳 출판하우스 짓다
주 소 서울특별시 종로구 삼일대로32길 36, 운현신화타워 305호
전 화 (02) 3675-3885
이메일 sina321@hanmail.net
출판등록 제2020-000010호
인쇄·제본 신아문예사

저작권자 ⓒ 2025, 임인숙
이 책의 저작권은 저자에게 있습니다. 서면에 의한 저자의 허락없이 내용의
일부를 인용하거나 발췌하는 것을 금합니다.
COPYRIGHT ⓒ 2025, by Lim Insook
All right reserved including the rights of reproduction in whole or in part
in any form.
저자와 협의, 인지는 생략합니다.
잘못된 책은 바꿔 드립니다.

ISBN 979-11-992225-1-9 (03810)
값 18,000원

Printed in KOREA